MANUEL

DES

CONTRIBUABLES.

NOUVELLE ÉDITION.
1817.

LETTRE

DE S. Ex. MGR LE DUC DE GAËTE,

MINISTRE DES FINANCES,

A M. DULAURENS,

DIRECTEUR DES CONTRIBUTIONS DU DÉPARTEMENT DU RHÔNE.

Paris, le 16 juillet 1811.

J'AI reçu, Monsieur, le nouveau MANUEL DES CONTRIBUABLES dont vous m'avez adressé un exemplaire. J'applaudis à l'idée que vous avez eue de refondre tous les anciens Manuels, et d'en former un Ouvrage qui, présentant d'une manière claire et méthodique les dispositions des lois et des instructions actuellement en vigueur, ne peut qu'être infiniment utile à tous ceux qui ont à s'occuper du travail des Contributions directes.

Je vous salue, Monsieur, bien sincèrement,

Le Ministre des Finances,

Signé LE DUC DE GAËTE.

MANUEL

DES CONTRIBUABLES,

OU

RECUEIL

CONTENANT les Lois fondamentales, les Ordonnances du Roi et les Instructions ministérielles sur les Contributions directes ;

A L'USAGE

Des Préfets, Sous-Préfets, Maires, Adjoints de Maires et Commmissaires-Répartiteurs, pour l'Assiette et la Répartition des Contributions ;

Des Directeurs, Inspecteurs et Contrôleurs, pour la Confection des Matrices et des Rôles ;

Des Receveurs généraux, des Receveurs particuliers et Percepteurs à vie, pour le Recouvrement ;

Des Contribuables, pour les Réclamations.

PAR J. G. DULAURENS,

DIRECTEUR DES CONTRIBUTIONS DIRECTES DU DÉP^T. DU RHÔNE, CHEVALIER DE L'ORDRE ROYAL DE LA LÉGION D'HONNEUR.

PARIS,

Chez **RONDONNEAU** et **DECLE**, Propriétaires du Dépôt des Lois, place du Palais de Justice, n° 1.

FÉVRIER 1817.

AVIS DE L'ÉDITEUR.

La dernière édition du Manuel des Contribuables, qui a paru en 1811, d'après l'autorisation de M. le duc de Gaëte, alors ministre des finances, a été en très-peu de temps épuisée.

Les événemens qui se sont succédés ne m'ont point permis d'en entreprendre une nouvelle; mais, d'après les nombreuses demandes que j'ai reçues de MM. les préfets, des agens de la direction des contributions, des receveurs, des percepteurs, et même des administrations des pays étrangers où la direction des contributions a été conservée, j'ai sollicité et obtenu le manuscrit de la nouvelle édition que je publie.

Depuis 1811, la législation sur les contributions directes a éprouvé des modifications très-importantes.

M. Dulaurens, auteur du Manuel des Contribuables, jaloux de contribuer à tout ce qui peut intéresser son administration, s'est empressé de revoir le dernier Manuel et d'y insérer les dispositions des lois, ordonnances et instructions nouvelles.

Le nouveau Manuel offre, en tête, un tableau statistique de la France, beaucoup plus détaillé que les précédens, et dont les élémens doivent inspirer d'autant plus de confiance qu'ils ont été fournis par la direction du cadastre, et par M. *Chanlaire*, un de nos géographes les plus estimés, pour la partie topographique de la France.

Ce tableau est divisé en dix colonnes; les deux premières contiennent les noms des départemens et des chefs-lieux; les troisième et quatrième offrent leur superficie territoriale en hectares, et leur population; les cinquième, sixième et septième présentent le nombre d'arrondissemens, de cantons et de communes dont chaque département est composé; enfin le montant en principal de la contribution foncière, de la contribution personnelle et des portes et fenêtres, est l'objet des huitième, neuvième et dixième colonnes.

Ce nouveau Manuel renferme aussi les observations que M. Dulaurens a publiées dans le cours de 1816, sur l'utilité de la direction des contributions directes, et qui ont précédé le juste éloge que Son Excellence le ministre des finances a fait de cette institution dans le budget de 1817.

Je n'ai rien épargné pour donner à cette nouvelle édition, et à la table alphabétique des matières qui la termine, toute la correction et l'exactitude que mérite un recueil, dont plusieurs éditions consécutives, et la traduction en plusieurs langues, ont justifié les avantages et l'utilité.

RONDONNEAU.

TABLEAU

DÉPARTEMENS.	CHEFS-LIEUX.	Superficie territoriale en hectares.	Population	NOMBRE DES			Montant en principal DES CONTRIBUTIONS DIRECTES.		
				Arrondissemens.	Cantons.	Communes.	Foncière.	Personnelle.	Portes et Fenêtres.
Ain.	Bourg.	622200	322608	5	33	424	1237378	141369	96700
Aisne.	Laon.	742200	432237	5	37	854	3070000	381700	220200
Allier.	Moulins	742700	254558	4	25	342	1423000	154900	61300
Alpes (basses).	Digne.	741200	147910	5	36	260	654170	61850	40824
Alpes (hautes).	Gap.	565000	121523	3	24	189	500830	40150	25576
Ardèche.	Privas.	571000	284743	3	31	535	885089	97900	59500
Ardennes	Mézières.	568750	345980	5	33	593	1602148	202864	101556
Arriège.	Foix.	505000	222936	3	20	332	590000	100100	51000
Aube.	Troyes.	624200	238819	5	24	478	1530000	244300	114600
Aude.	Carcassonne.	624200	240993	4	29	433	1930000	242300	93800
Aveyron.	Rodez.	926700	318047	5	42	594	2140450	217670	100770
Bouches-du-Rhône.	Marseille.	531500	293235	3	20	108	1520397	577900	429900
Calvados.	Caen.	564000	505420	6	34	897	4260000	604500	234900
Cantal.	Aurillac	595700	251436	4	21	270	1359000	147300	40600
Charente	Angoulême.	651000	326885	5	27	455	2029999	247300	110600
Charente-Inférieure	La Rochelle.	724700	393011	6	37	507	2670000	384500	163900
Cher	Bourges	738500	228158	3	29	304	1060000	151700	68900
Corrèze.	Tulle.	585700	254271	3	28	296	1023000	107800	55500
Corse.	Bastia	622200	174572	4	61	549	170000	55500	6000
Côte-d'Or.	Dijon	919200	535436	4	33	735	2540000	355500	163000
Côtes-du-Nord.	Saint-Brieuc.	756700	519620	5	45	581	1680000	241600	85600
Creuse	Guéret.	590200	226224	4	25	296	880000	93900	37800
Dordogne.	Périgueux.	948200	424113	5	47	644	2109000	250000	95400
Doubs.	Besançon.	558000	226093	4	24	632	1197410	169788	133612
Drôme	Valence	692700	253372	4	28	360	1260000	142700	66200
Eure	Evreux.	618200	421481	5	35	785	3670000	583400	268000
Eure-et-Loir.	Chartres	615200	265996	4	23	460	2860000	521200	135100
Finistère.	Quimper.	729200	452895	5	41	286	1420000	251800	126800
Gard.	Nismes.	628000	322144	4	36	554	1806660	282100	144100
Garonne (haute).	Toulouse.	673200	367551	4	36	611	2355748	559941	194998
Gers	Auch	685200	286499	5	28	685	1683178	210302	96179
Gironde.	Bordeaux.	1127000	514562	6	43	584	2890000	680000	419400
Hérault.	Montpellier.	651200	301099	4	35	334	2551000	388100	153600
Ille-et-Vilaine	Rennes.	718500	508544	6	38	343	1910000	529300	123400
Indre.	Châteauroux	739500	204721	4	22	273	1045000	142800	50400
Indre-et-Loire.	Tours	645200	275292	3	22	308	1850000	232000	118800

DÉPARTEMENS.	CHEFS-LIEUX.	Superficie territoriale en hectares.	Population	NOMBRE DES			Montant en principal DES CONTRIBUTIONS DIRECTES.		
				Arrondissemens.	Cantons.	Communes.	Foncière.	Personnelle.	Portes et Fenêtres.
Isère	Grenoble . . .	894000	471660	4	42	564	2300000	265000	140300
Jura	Lons-le-Saunier.	523700	292882	4	32	723	1320000	164700	110800
Landes	Mont-de-Marsan.	947500	240146	3	27	362	770000	95600	65500
Loir-et-Cher. . .	Blois.	671700	212552	3	23	504	1501000	209100	85200
Loire.	Montbrison. . .	513500	515858	3	27	326	1665000	292900	81900
Loire (haute). . .	Puy (le)	528200	268202	3	27	274	1020000	116600	57400
Loire-Inférieure . .	Nantes. . . .	766000	407827	5	40	209	1580081	455900	141700
Loiret.	Orléans . . .	704700	285395	4	27	363	2330000	373100	197900
Lot.	Cahors. . . .	552000	272235	3	27	391	1410860	192265	68821
Lot-et-Garonne. .	Agen.	568000	326127	4	34	383	2468022	292033	92549
Lozère	Mende. . . .	539000	143247	3	24	192	602000	51700	30100
Maine-et-Loire. .	Angers. . . .	763700	404489	5	30	393	2892053	330770	129201
Manche.	Saint-Lô. . .	689000	581429	6	48	666	3720000	457400	155700
Marne.	Chaalons. . .	848000	311017	5	30	694	2470000	344200	228600
Marne (haute) . .	Chaumont . .	654000	237785	3	28	549	1406000	196700	106300
Mayenne	Laval	645200	332253	3	25	281	2180000	243800	61200
Meurthe.	Nancy. . . .	643000	265810	5	25	716	1689933	229600	158400
Meuse.	Bar-le-Duc. . .	627500	284705	4	28	589	1580000	186600	118700
Morbihan	Vannes. . . .	706700	405423	4	35	225	1450000	274100	88800
Moselle.	Metz.	591200	562700	4	25	797	1935669	270408	187278
Nièvre	Nevers. . . .	756500	241520	4	25	330	1321000	176900	60200
Nord.	Lille.	603000	899890	6	44	671	4063911	718188	419487
Oise	Beauvais. . .	608200	383507	4	54	727	2892000	395500	324300
Orne.	Alençon . . .	637500	425920	4	54	625	2502464	307346	123560
Pas-de-Calais. . .	Arras	704200	580457	6	41	929	2950188	422000	277600
Puy-de-Dôme. . .	Clermont. . .	845000	542834	5	46	443	2500000	348700	77300
Pyrénées (basses). .	Pau.	807200	383502	5	38	653	870000	150900	140500
Pyrénées (hautes). .	Tarbes. . . .	493700	198765	3	25	494	570000	62700	48600
Pyrénées-Orientales.	Perpignan . . .	453700	126626	5	16	248	700000	61200	36800
Rhin (bas). . . .	Strasbourg . .	481500	500000	4	31	623	2077927	384914	306959
Rhin (haut). . . .	Colmar. . . .	426500	421101	3	29	496	1554753	209989	161238
Rhône.	Lyon	293500	347381	2	21	257	2100000	559000	501900
Saône (haute). . .	Vesoul. . . .	558200	305546	3	27	639	1459850	139300	122100
Saône-et-Loire. .	Mâcon. . . .	891200	465782	5	46	604	3026140	320400	118300
Sarthe.	Mans (le). . .	646700	410580	4	31	412	2757536	296654	108840
Seine.	Paris	45300	631551	5	20	79	9535000	4177400	1279900

Départemens,	Chefs-Lieux.	Superficie territoriale en hectares.	Population	Nombre des			Montant en principal des Contributions directes.		
				Arrondissemens.	Cantons.	Communes.	Foncière.	Personnelle.	Portes et Fenêtres.
Seine-et-Marne. . .	Melun.	612700	304068	5	28	556	3218000	443600	162100
Seine-et-Oise. . . .	Versailles. . . .	588000	430972	6	33	691	4511000	616500	345500
Seine-Inférieure. . .	Rouen.	637200	642948	5	45	987	5280000	1095400	538300
Sèvres (deux). . . .	Niort.	633700	254105	4	29	366	1778125	195748	68799
Somme	Amiens.	651200	495105	5	37	848	3448812	467000	302400
Tarn	Albi.	608000	295885	4	35	364	1880000	210000	99500
Tarn-et-Garonne . .	Montauban. . .	395700	238882	5	23	214	1728742	187889	69283
Var.	Toulon.	751000	283296	4	31	209	1400000	212800	157200
Vaucluse.	Avignon	370000	205833	4	18	150	860854	121400	78900
Vendée.	Bourbon-Vendée.	724200	268786	3	30	321	1709740	192982	49100
Vienne	Poitiers.	754000	253048	5	30	542	1350000	123500	96300
Vienne (haute) . . .	Limoges. . . .	600200	243195	4	26	223	1080000	134100	65200
Vosges.	Epinal.	652200	334169	5	30	548	1170000	131900	122300
Yonne.	Auxerre	774000	326324	5	34	479	1900000	262100	134900
Récapitulation		55840450	29521877	361	2685	39620	171850117	27144500	12964030

TABLE DES MATIÈRES

COMPRISES DANS CE MANUEL.

Pages

TROISIÈME PARTIE.

QUATRIÈME PARTIE.

CINQUIÈME PARTIE.

MANUEL
DES CONTRIBUABLES.

PREMIÈRE PARTIE.

NATURE DES CONTRIBUTIONS DIRECTES.

Les contributions directes actuellement existantes en France sont :

1° La contribution foncière ;
2° La contribution personnelle et mobilière ;
3° La contribution des portes et fenêtres ;
4° Les patentes.

D'après l'article 47 de la Charte, la chambre des députés reçoit toutes les propositions d'impôts ; ce n'est qu'après que ces propositions ont été admises qu'elles peuvent être portées à la chambre des pairs.

D'après l'article 48, aucun impôt ne peut être établi ni perçu, s'il n'a été consenti par les deux chambres et sanctionné par le Roi.

Impôts de répartition et de quotité.

La contribution foncière, la contribution personnelle et mobilière, et celle des portes et fenêtres, sont des impôts de répartition. Le montant en est fixé d'avance pour chaque département, et doit rentrer intégralement au Trésor royal.

Les patentes sont un impôt de quotité ; leur produit est le résultat des rôles, et peut varier chaque année.

Contribution foncière.

Cette contribution a remplacé, en 1791, toutes

les impositions qui, avant cette époque, frappaient plus ou moins directement sur les fonds territoriaux.

La loi du 1ᵉʳ décembre 1790 en a posé les bases et fixé les principes ; l'instruction annexée à cette loi a déterminé leur application.

L'impôt foncier, d'après l'article 49 de la charte, n'est consenti que pour un an. Il se perçoit en argent. Il est payable par tous les propriétaires, possesseurs et usufruitiers de domaines, terres, prés, bois de haute futaie, bois taillis, vignes, pacages, étangs, forges, fourneaux, maisons, et généralement tous autres biens-fonds, sans autres exceptions que celles déterminées pour l'encouragement de l'agriculture et pour l'intérêt général de la société.

Contribution personnelle et mobilière.

La loi du 3 nivôse an 7, (23 décembre 1798), avait établi quatre taxes différentes.

1° La taxe personnelle ;
2° La taxe personnelle et mobilière ;
3° La taxe somptuaire ;
4° La taxe de retenue.

La taxe somptuaire, qui portait sur les domestiques, les chevaux et les voitures, a été supprimée à partir de 1807, par la loi du 24 avril 1806.

La taxe de retenue, qui était du vingtième de tous les traitemens et salaires publics, a été pareillement supprimée.

Il n'existe plus aujourd'hui que la taxe personnelle et mobilière.

La taxe personnelle est uniforme pour tous les contribuables. Elle consiste en trois journées de travail, et porte sur tous les individus jouissant de leurs droits, à l'exception des indigens.

La taxe mobilière porte sur les loyers d'habitation.

Contribution de portes et fenêtres.

Cette contribution a été établie par les lois des 4

frimaire, 18 ventôse et 6 prairial an 7, (24 novembre 1798, 8 mars et 25 mai 1799.)

Elle est payable par le propriétaire, sauf le recours contre les locataires.

Elle frappe sur les portes et fenêtres qui donnent sur les rues, cours et jardins, sauf les exceptions consacrées par la loi.

Un tarif progressif et gradué suivant la population des communes, règle la somme que doivent payer, 1° les portes cochères ou charretières; 2° les portes ordinaires et fenêtres du rez-de-chaussée, les fenêtres des premier et second étages; 3° les fenêtres du troisième étage et au-dessus; 4° les maisons n'ayant qu'une porte et une fenêtre.

Patentes.

Les droits de patentes, établis originairement par la loi du 17 mars 1791, ont été supprimés en 1793.

Recréés par la loi du 4 thermidor an 3, (22 juillet 1795), ils ont été, d'après plusieurs lois successivement rendues dans les années 4, 5, 6 et 7, (1795, 1796, 1797, 1798) régularisés par la loi du 1ᵉʳ brumaire an 7, (22 octobre 1798.)

Un tarif progressif et gradué suivant la population des communes, détermine le droit fixe que chaque individu doit payer, d'après la classe dans laquelle se trouve la profession qu'il exerce.

En sus du droit fixe, il est dû un droit proportionnel à raison des loyers, tant d'habitation personnelle, que des usines, ateliers, magasins et boutiques servans au commerce.

Centimes additionnels.

Au principal des contributions, il est ajouté un certain nombre de centimes affecté aux fonds de non-valeurs, aux dépenses fixes et variables des départemens, aux dépenses communales, aux traitemens et aux remises des receveurs généraux, des receveurs particuliers, et des percepteurs.

Sur les centimes additionels à la contribution foncière et à la contribution personnelle et mobilière, il est prélevé un certain nombre de centimes pour les dépenses départementales fixes, communes et variables.

Une partie de ces centimes est versée au Trésor royal pour être tenue en totalité à la disposition du ministre de l'intérieur, et être employée sur ses ordonnances, au paiement des dépenses fixes ou communes.

Une autre partie est versée dans les caisses des receveurs généraux des départemens, pour être tenue à la disposition des préfets, et être employée, sur leurs mandats, aux dépenses variables conformément aux budgets présentés par les préfets, votés par les conseils généraux, et définitivement réglés et approuvés par le ministre de l'intérieur.

Le restant, enfin, de ces centimes est versé au Trésor royal pour, à titre de fonds communs, être tenu en totalité à la disposition du ministre de l'intérieur, et donner les moyens de venir au secours des départemens dont les dépenses variables excèdent le produit des centimes ordinaires y affectés, et des centimes facultatifs.

Indépendamment des centimes ci-dessus, les conseils généraux de département peuvent, avec l'approbation du ministre de l'intérieur, établir des impositions facultatives pour les dépenses variables, ou autres d'utilité départementale, dont le montant ne peut excéder cinq centimes du principal des contributions foncière, personnelle et mobilière.

Les produits de ces impositions facultatives sont recouvrés par les receveurs des contributions directes, et versés dans les caisses des receveurs généraux de département, qui doivent les tenir à la disposition des préfets pour être employés conformément aux votes des conseils généraux, approuvés par le ministre de l'intérieur.

Dépenses départementales fixes et communes.

Les dépenses départementales fixes et communes sont celles ci-après désignées :

Traitement des préfets, sous-préfets, sécrétaires généraux et conseillers de préfecture.

Abonnemens des préfectures et sous-préfectures.

Travaux et dépenses des maisons de détention.

Bâtimens des cours royales.

Travaux aux églises, et supplément aux dépenses du clergé dans les diocèses.

Etablissemens thermaux et sanitaires.

Secours pour cause d'incendie, d'inondation, de grêle et autres fléaux.

Dépenses imprévues, communes à plusieurs départemens.

Dépenses départementales variables.

Les dépenses variables sont celles ci-après :

Loyers des hôtels de préfecture, contributions, acquisitions, entretien et renouvellement du mobilier.

Dépenses ordinaires des prisons, dépôts, secours et ateliers pour remédier à la mendicité.

Casernement de la gendarmerie.

Loyers, mobiliers et menues dépenses des cours et tribunaux.

Compagnies départementales, travaux des bâtimens des préfectures, tribunaux, prisons, dépôts, casernes et autres édifices départementaux.

Travaux des routes départementales, et autres d'intérêt local non compris au budget des ponts et chaussées.

Enfans trouvés et abandonnés, encouragemens et secours pour les pépinières, sociétés d'agriculture, artistes vétérinaires, cours d'accouchemens et autres.

Dette départementale à payer en numéraire, indemnités de terrains, acquisitions, etc.

Dépenses imprévues de toute nature.

Dépenses communales.

Les dépenses communales sont celles :

1° De l'entretien du pavé pour les parties qui ne sont pas grandes routes ;

2° De la voierie et des chemins vicinaux dans l'étendue de la commune ;

3° De l'entretien de l'horloge, des fontaines, halles et autres édifices publics ;

4° Des registres destinés à l'état civil ;

5° De l'entretien des fossés, aqueducs et ponts à un usage et d'une utilité particulière à la commune, et qui, par leur nature, ne font point partie des objets compris dans les dépenses générales des travaux publics ;

6° Des frais de la garde des bois communaux et de leur contribution foncière, etc., etc.

Impositions extraordinaires.

Il peut arriver que les cinq centimes imposés additionnellement au principal des contributions foncière, personnelle et mobilière, pour les dépenses d'une commune, soient insuffisans. S'il s'agit, par exemple, de rétablir une halle, un abreuvoir, un presbytère, de fournir au paiement des gardes champêtres, etc., et que les cinq centimes ne suffisent point pour couvrir la dépense à faire, la loi du 23 septembre 1814, autorise, en ce cas, les communes à établir une imposition locale. Mais pour l'obtenir, les conseils municipaux en doivent consigner la demande dans une délibération que les maires adressent aux préfets, et que ceux-ci transmettent au ministre de l'intérieur. L'imposition est consacrée par une ordonnance du Roi. Elle ne peut être comprise dans les rôles des contributions directes ordinaires. Elle doit toujours être perçue en vertu d'un rôle particulier qui est confectionné par le directeur des contributions.

DEUXIÈME PARTIE.

ASSIETTE DES CONTRIBUTIONS DIRECTES.

SECTION PREMIÈRE.

PRINCIPES relatifs à l'assiette de la Contribution foncière et au mode d'évaluation du revenu imposable des propriétés foncières.

1.—L A contribution foncière est perçue en argent. (*Loi du 3 frimaire an 7 — 23 novembre 1798, art.* 1.)

2. — Elle est répartie sur toutes les propriétés foncières à raison de leur revenu net imposable. (*Ibid., art.* 2.)

3. — Le revenu net des terres est ce qui reste au propriétaire, déduction faite sur le produit brut, des frais de culture, semence, récolte et entretien. (*Ibid., art.* 3.)

4. — Le revenu imposable est le revenu net moyen, calculé sur un nombre d'années déterminé. (*Ibid., art.* 4.)

5. — Le revenu net imposable des maisons, fabriques, forges, moulins et autres usines, est tout ce qui reste au propriétaire, déduction faite sur leur valeur locative, calculée sur un nombre d'années déterminé, de la somme nécessaire pour l'indemniser du dépérissement et des frais d'entretien et de réparation. (*Ibid., art.* 5.)

6. — La déduction sur le produit brut est, pour les maisons, d'un quart, et pour les usines, d'un tiers. (*Ibid., art.* 82 *et* 87.)

ÉVALUATION DU REVENU IMPOSABLE DES PROPRIÉTÉS FONCIÈRES.

Terres labourables.

7. — Pour évaluer le revenu imposable des terres labourables, soit actuellement cultivées, soit incultes, mais susceptibles de

.ce genre de culture, les répartiteurs s'assurent d'abord de la nature des produits qu'elles peuvent donner, en s'en tenant aux cultures généralement usitées dans la commune, telles que froment, seigle, orge, et autres grains de toute espèce, lin, chanvre, tabac, plantes oléagineuses et à teinture, etc. Ils supputent ensuite quelle est la valeur du produit brut ou total qu'elles peuvent rendre, année commune, en les supposant cultivées sans travaux ni dépenses extraordinaires; mais selon la coutume du pays, avec les alternats et assolemens d'usage, et en formant l'année commune sur quinze années antérieures, moins les deux plus fortes et les deux plus faibles. (*Loi du 3 frimaire an 7 — 23 novembre* 1798, *art.* 56.)

Déduction pour les frais.

8. — L'année commune du produit brut de chaque article de terre labourable étant déterminée, les répartiteurs font déduction sur ce produit, des frais de culture, semence, récolte et entretien; ce qui en reste forme le revenu imposable. (*Ibid.*, *art.* 57.)

Produit net imposable.

9. — Le produit net ci-dessus trouvé, se divise par le nombre d'années de l'assolement, y compris celle du repos; le quotient donne le revenu net imposable.

On entend par l'ordre successif des assolemens, une suite d'années pendant lesquelles la terre labourable reçoit diverses sortes de semences, qui sont presque toutes suivies d'une année de repos.

Jardins.

10. — Les Jardins potagers sont évalués d'après le produit de leur location possible, année commune, en prenant cette année commune sur quinze, comme pour l'évaluation du revenu des terres labourables. (*Ibid.*, *art.* 58).

Minimum de l'évaluation des jardins.

11. — La plus faible estimation des jardins est fixée au taux

des meilleures terres labourables de la commune, parce que leur situation ordinaire auprès des habitations, les rend susceptibles de recevoir plus d'engrais et de soins journaliers, et de donner de plus abondantes productions ; c'est pourquoi, s'ils sont situés sur un terrain de première qualité, ils peuvent être portés au double et au triple des meilleures terres labourables, puisque les terrains les plus médiocres servant de jardin ne peuvent être portés au-dessous des terres labourables de première classe de la commune. (*Instructions ministérielles.*)

Jardins d'une culture plus soignée.

12. — Le jardin du laboureur, de l'artisan, du journalier, occupés ailleurs de travaux continuels, n'est ordinairement cultivé qu'en gros légumes les plus nécessaires et qui demandent le moins de soin ; de sorte que sa valeur ne peut guère différer de celle de la terre de première qualité ; mais celui qui est cultivé par un jardinier de profession, soit comme propriétaire, soit comme locataire ou gagiste, acquiert plus de valeur, parce qu'il est l'atelier de son travail journalier : il est donc susceptible d'une plus forte estimation. (*Instruct. minist.*)

Terrains de pur agrément ; parterres, pièces d'eau, avenues.

13. — L'évaluation du revenu imposable des terrains enlevés à la culture pour le pur agrément, tels que parterres, pièces d'eau, avenues, etc., est portée au taux de celui des meilleures terres labourables de la commune. (*Loi du 5 frimaire an 7 — 25 novembre 1798, art. 59.*)

Terrains enclos.

14. — Les terrains enclos sont évalués d'après les mêmes règles et dans les mêmes proportions que les terrains non enclos d'égale qualité, et donnant le même genre de productions. On n'a égard, dans la fixation de leur revenu imposable, ni à l'augmentation du produit, qui ne serait évidemment que l'effet des clôtures, ni aux dépenses d'établissement et d'entretien de ces clôtures, quelles

qu'elles puissent être. (*Loi du 3 frimaire an 7 — 23 novembre 1798 , art. 77.*)

Enclos contenant diverses natures de biens.

15. — Si un enclos contient différentes natures de biens, telles que bois , prés , terres labourables , jardins , vignes, étangs, etc., chaque nature de bien est évaluée séparément, de la même manière que si le terrain n'était point enclos. (*Ibid. , art. 78.*)

Vignes.

16. — Pour évaluer le produit imposable des vignes , on suppute d'abord quelle est la valeur du produit brut ou total qu'elles peuvent rendre année commune , en les supposant cultivées sans travaux ni dépenses extraordinaires , mais selon la coutume du pays, en formant l'année commune sur quinze, comme pour les terres labourables. (*Ibid. , art. 60.*)

L'année commune du produit brut des vignes étant déterminée, on fait déduction sur ce produit brut des frais de culture, d'engrais, de récolte, d'entretien et de pressoir.

On déduit , en outre, un quinzième de ce produit en considération des frais de dépérissement annuel , de replantation partielle et de travaux à faire pendant les années où chaque nouvelle plantation est sans rapport.

Ce qui reste du produit brut après ces déductions forme le revenu net imposable, et se porte comme tel aux états des sections. (*Ibid. , art. 61.*)

Vignes dont la durée n'est pas perpétuelle.

17. — Lorsque la vigne ne dure qu'un certain nombre d'années après lesquelles il faut la renouveler entièrement ou même l'arracher pour laisser reposer le terrain par une autre culture, son évaluation doit être combinée d'après les considérations suivantes :

1° La quantité et la qualité du vin que la vigne produit ;

2° La qualité du terrain sur lequel elle est plantée, et les produits que ce terrain donne d'après sa culture comme terre labourable ;

3° La durée effective de la vigne ;

4° Le nombre d'années pendant lequel le terrain est sans rapport, comme vigne. (*Inst. minist.*)

Prés.

18. — Le revenu imposable des prairies naturelles, soit qu'on les tienne en coupes régulières, ou qu'on en fasse consommer les herbes sur pied, est calculé d'après la valeur de leur produit, année commune, prise sur quinze, comme pour les terres labourables, déduction faite sur ce produit des frais d'entretien et de récolte. (*Loi du 3 frimaire an 7 — 23 novembre 1798, art. 62.*)

Produit brut des prés.

19. — Le produit brut des prés est facile à déterminer ; car on sait dans chaque commune ce que telle prairie rapporte de milliers de foin, année ordinaire, par arpent, ou autres mesures locales.

Ainsi la quantité est le premier élément de l'évaluation.

On distingue aussi partout différentes qualités de foin, par la nature des plantes dont il est principalement composé ; la qualité du foin est donc le second élément.

Enfin, on sait quel est le prix ordinaire de chaque qualité de foin, à raison de la préférence qu'il obtient dans les marchés, et ce prix devient le troisième élément.

Le produit brut d'un pré est donc la combinaison de la quantité, de la qualité et du prix du foin qu'il rapporte. (*Inst. minist.*)

Déduction pour les frais.

20. — Les frais à déduire sont ceux d'irrigation pour les prairies qui en sont susceptibles ; les dépenses d'engrais ou de terrage, suivant l'usage du pays ; les frais de récolte, fauchage, fanage, bottelage, destruction des taupes.

Ce qui reste sur le produit brut, après la déduction du montant de ces frais, forme le revenu net imposable. (*Inst. minist.*)

Herbages.

21. — Les prairies dont on fait consommer les herbes sur

pied, appelées dans plusieurs cantons herbages, sont estimées d'après le produit qu'elles représentent. (*Inst. minist.*)

Prairies artificielles.

22. — Les prairies artificielles ne sont évaluées que comme les terres labourables d'égale qualité. (*Loi du 3 frimaire an 7 — 23 novembre 1798 , art.* 63.)

Marais, palus, pâtis, bas prés.

23. — L'évaluation du revenu imposable des terrains connus sous les noms de pâtis, palus, marais, bas prés, et autres dénominations quelconques, qui, par la qualité inférieure de leur sol, ou par d'autres circonstances naturelles, ne peuvent servir que de simple pâturage, est faite d'après le produit que le propriétaire serait présumé pouvoir en obtenir, année commune, selon les localités, soit en faisant consommer la pâture, soit en les louant sans fraude à un fermier auquel il ne fournirait ni bestiaux ni bâtimens, et déduction faite des frais d'entretien. (*Loi du 3 frimaire an 7 — 23 novembre 1798, art.* 64.)

Pâtures.

24. — Il y a bien des variétés dans la valeur des pâtures, soit sèches, soit marécageuses, depuis celles qui sont immédiatement inférieures aux prairies ou herbages, jusques à celles qui ne diffèrent guères des terres vaines et vagues ; leur valeur peut être déterminée d'après le nombre des bestiaux qu'elles peuvent nourrir. (*Inst. min.*)

Terres vaines et vagues.

25. — Les terres vaines et vagues, les landes et bruyères, et les terrains habituellement inondés ou dévastés par les eaux, sont assujettis à la contribution foncière d'après leur produit net moyen, quelque modique qu'il puisse être ; mais dans aucun cas leur cotisation ne peut être moindre d'un décime par hectare. (*Loi du 3 frimaire an 7 — 23 novembre 1798 , art.* 65.)

Abandon de ses biens par le propriétaire.

26. — Un propriétaire ne peut s'affranchir de la contribution

à laquelle les fonds désignés en l'article précédent doivent être soumis, qu'en renonçant à ses propriétés au profit de la commune dans laquelle elles sont situées. Les cotisations des objets ainsi abandonnés, dans les rôles faits antérieurement à l'abandon, restent à la charge de l'ancien propriétaire. (*Loi du 3 frimaire an 7 — 23 novembre 1798, art.* 66.)

Terrains mêlés d'arbres.

27. — Les terres labourables, vignes, prés, pâtures, etc., sur lesquels se trouvent des arbres forestiers, soit épars, soit en bordure, sont évalués à leur taux naturel, sans égard, ni à l'avantage que le propriétaire peut retirer de ces arbres, ni à la diminution que leur ombrage peut apporter dans la fertilité du sol. (*Ibid., art.* 74.)

Arbres fruitiers épars.

28. — Si ces arbres épars ou en bordure sont des arbres fruitiers, mais qu'ils ne forment pas le principal revenu, alors on ajoute à la valeur donnée à la terre, à raison de sa culture dominante, la plus-value résultant du produit des arbres.

Les terrains mêlés de plantations donnant un produit sensible doivent, sous la dénomination de labours plantés, prés plantés ou terrains plantés, faire l'objet d'une évaluation particulière.

Si les arbres forment le produit principal, alors le terrain rentre dans la classe des vergers. (*Inst. min.*)

Vergers.

29. — Les vergers sont des terrains dont la plantation en arbres fruitiers, tels que pommiers, poiriers, etc., forme la culture dominante, et donne le principal revenu.

Ils sont évalués d'abord d'après la valeur du sol sur lequel repose la plantation, ensuite en y ajoutant une plus-value relative au produit des arbres plantés. (*Inst. min.*)

Cultures mêlées.

30. — On donne ce nom aux terrains qui contiennent à-la-fois diverses productions, telles que des terres labourables,

ou des prés mêlés de vignes et d'arbres, sans que l'on puisse reconnaître quelle est la culture dominante. Ces cultures mêlées sont évaluées en réunissant leurs divers produits. (*Inst. min.*)

Châtaigneraies, olivets, etc.

31. — Les châtaigneraies, olivets, plants de mûriers, les aulnaies, saussaies, oseraies et autres plants de nature analogue, sont évalués en estimant d'abord cette culture dominante, et y ajoutant les produits des cultures accessoires s'il s'en trouve. (*Inst. min.*)

Cultures diverses.

32. — Les rizières, cultures en maïs, houblonnières, chenevières, cultures en tabac, champs de colzat, de pommes de terre et autres légumes, et toutes les autres cultures particulières à quelques départemens, s'évaluent d'après les mêmes principes, et par les mêmes procédés que les terres cultivées en froment, seigle, etc.

Ces cultures sont évaluées particulièrement lorsqu'elles sont permanentes ; si elles ne sont que momentanées, on les fait entrer dans le calcul de l'assolement des terres labourables. (*Inst. min.*)

Bois taillis en coupes réglées.

33. — L'évaluation des bois taillis en coupes réglées est faite d'après le prix moyen de leurs coupes annuelles, sous la déduction des frais de garde, d'entretien et de repeuplement.

Ainsi, si le bois est divisé en quinze coupes annuelles, c'est-à-dire s'il s'en coupe chaque année un quinzième, on calcule le produit de ces quinze coupes, et le quinzième de ce produit total forme le produit moyen, sur lequel on déduit les frais pour arriver au produit annuel imposable. (*Loi du 3 frimaire an 7 — 23 novembre 1798, art. 67.*)

Bois taillis non en coupes réglées.

34. — L'évaluation des bois taillis qui ne sont pas en coupes réglées est faite d'après leur comparaison avec les autres bois de la commune ou du canton. (*Ibid., art. 68.*)

Bois au-dessous de 30 ans.

35. — Tous les bois au-dessous de l'âge de trente ans sont réputés taillis, et sont évalués conformément aux dispositions des deux articles précédens. (*Loi du 3 frimaire an 7 — 23 novembre 1798, art. 69.*)

Bois futaies.

36. — La plus-value que les bois de haute futaie acquièrent sur les bois taillis étant accidentelle et pouvant cesser après la coupe, ces bois doivent être évalués sur le même pied que ceux qui se trouvent en taillis dans la commune ou dans les communes voisines.

En assimilant les futaies aux taillis, on doit néanmoins avoir égard à la classe de taillis à laquelle la futaie correspond.

Si, par exemple, une futaie est, par la nature de son sol et la qualité de ses arbres, d'une classe supérieure à la première classe des taillis, l'estimation doit être réglée à raison de ce que produirait un taillis de même classe.

Si, au contraire, la meilleure classe des futaies ne correspondait qu'à la seconde classe des taillis, elle devrait recevoir l'estimation de cette seconde classe. (*Inst. minis.*)

Bois futaies sur taillis.

37. — Si un taillis contient des arbres de haute futaie, on ne doit pas estimer la place que ces arbres occupent comme si elle était couverte de taillis, mais l'évaluer comme si ces arbres n'étaient pas plus âgés ni plus forts que les autres, l'intention du Gouvernement étant de favoriser les propriétaires qui laissent croître leurs bois ou partie de leurs bois en futaie. (*Instr. min.*)

Forêts en futaie qui s'étendent sur plusieurs communes.

38. — L'évaluation des revenus des forêts en futaie, aménagées ou non en coupes réglées, lorsqu'elles s'étendent sur le territoire de plusieurs communes, est portée aux états de sections et matrices de rôles de chaque commune, en proportion de l'étendue qui est sur son territoire. (*Loi du 3 frimaire an 7 — 23 novembre 1798, art. 71.*)

Bois de sapins, etc.

39. — Les bois de sapins, de pins, les plants de mûriers, les châtaigneraies, olivets, saussaies, etc., ne sont point compris sous la dénomination de futaie, et sont estimés d'après leur produit réel. (*Instr. minist.*)

Pépinières.

40. — Les pépinières sont évaluées comme terres labourables de première classe. (*Instr. min.*)

Tourbières.

41. — Les tourbières ne sont évaluées qu'à raison de leur superficie et sur le pied des terrains environnans. (*Inst. min.*)

Étangs.

42. — Le revenu imposable des étangs permanens est évalué d'après le produit de la pêche, année commune formée sur quinze, moins les deux plus fortes et les deux plus faibles, sous la déduction des frais d'entretien, de pêche et de repeuplement, d'entretien de vannes et de chaussées.

Si les étangs se pêchent tous les trois ans, on établit le produit annuel en prenant le tiers du prix de la pêche;

Si la pêche n'a lieu que tous les quatre ou tous les cinq ans, on prend le quart ou le cinquième. (*Loi du 3 frimaire an 7 — 23 novembre 1798, art. 79.*)

Terrains momentanément en étangs.

43. — L'évaluation du revenu imposable des terrains alternativement en étangs et en culture, se combine d'après ce double rapport, c'est-à-dire, d'une part le prix de la pêche, et de l'autre le produit de la culture. (*Ibid., art. 80.*)

Queues d'étangs.

44. — La superficie tant en eaux que ce qu'on appelle queues d'étangs doit être déterminée, puisqu'elle fait partie du territoire, et on répartit le produit annuel de l'étang sur cette superficie pour en diviser la valeur par hectares.

Cependant, lorsque les queues des étangs sont affermées séparément, soit comme pâture, soit pour y faucher de grosses herbes, elles sont estimées distinctement de la superficie en eaux. (*Inst. min.*)

Laisses de mer.

45. — Les sables de la mer, les laisses de mer ou terrains abandonnés par ses eaux, lorsqu'ils sont réunis à des propriétés et devenus productifs, sont évalués à raison de ce produit. (*Inst. min.*)

Carrières et mines.

46. — Les carrières et mines ne sont évaluées qu'à raison de la superficie des terrains qu'elles occupent et sur le pied des terrains environnans.

On entend par le terrain qu'elles occupent, non seulement celui de leur ouverture, mais tous ceux où sont les réserves d'eaux, les déblais et les chemins qui ne sont qu'à leur usage. (*Loi du 3 frimaire an 7 — 23 novembre 1798, art. 81.*)

Canaux de navigation.

47. — Les canaux de navigation ne sont évalués qu'à raison de leur superficie y compris leurs francs-bords, et sur le pied des meilleures terres labourables.

Les maisons d'habitation et usines dépendant des canaux sont évaluées comme les autres propriétés de même nature.

Il en est de même des plantations et autres natures de biens qui avoisinent les canaux et appartiennent aux propriétaires de ces canaux ; elles sont évaluées d'après les règles fixées pour les autres biens fonds. (*Instr. min.*)

Canaux imposés dans les communes qu'ils traversent.

48. — Les canaux sont imposés dans les rôles des communes qu'ils traversent, à raison de la portion du canal qui passe sur le territoire de chacune d'elles. (*Inst. min.*)

Canaux non navigables.

49. — Les canaux non navigables destinés à conduire les eaux

à des moulins, forges, ou autres usines, ou à les détourner pour l'irrigation, sont évalués à raison de l'espace qu'ils occupent, et sur le pied des meilleures terres labourables. (*Inst. minist.*)

Salins, marais salans, salines.

50. — Les salins, les marais salans et les salines, sont évalués, à raison de leur superficie, sur le pied des meilleures terres labourables.

Les bâtimens qui en dépendent, sont estimés, comme les propriétés de même nature, d'après leur valeur locative. (*Inst. minist.*)

Blanchisseries.

51. — Les prés employés au blanchissage des toiles ne sont évalués que d'après leur valeur naturelle comme prés, sans avoir égard au produit des blanchisseries, qui est purement industriel. (*Inst. minist.*)

Ponts.

52. — Les ponts appartenans à des particuliers ou à des compagnies d'actionnaires, ne sont évalués qu'à raison des terrains qu'occupent les deux culées, et sur le pied des meilleures terres labourables. (*Inst. minist.*)

Maisons d'habitation.

53. — Le revenu net imposable des maisons d'habitation, en quelque lieu qu'elles soient situées, soit que le propriétaire les occupe, ou les fasse occuper par d'autres, à titre gratuit ou onéreux, est déterminé d'après leur valeur locative, calculée sur dix années, sous la déduction d'un quart de cette valeur locative, en considération du dépérissement et des frais d'entretien et de réparations. (*Loi du 3 frimaire an 7 — 23 novembre 1798, art. 82.*)

Minimum de l'évaluation des maisons.

54. — Aucune maison d'habitation, occupée comme il est dit en l'article 82, ne peut être cotisée, quelle que soit l'évaluation de son revenu, au-dessous de ce qu'elle le serait à raison du ter-

rain qu'elle enlève à la culture, et ce terrain devra être évalué sur le pied du double des meilleures terres labourables, si la maison n'a qu'un rez-de-chaussée; du triple, si elle a un étage au-dessus du rez-de-chaussée; et du quadruple, si elle a plusieurs étages.

Le comble ou la toiture, de quelque manière qu'ils soient disposés, ne sont point comptés pour un étage. (*Loi du 3 frimaire an 7 — 23 novembre 1798, art. 83.*)

Les maisons qui auront été inhabitées pendant toute l'année, à partir du 1er *janvier*, sont cotisées seulement à raison du terrain qu'elles enlèvent à la culture, évalué sur le pied des meilleures terres labourables. (*Ibid., art. 84.*)

Bâtimens ruraux.

55. —Les bâtimens servans aux exploitations rurales, tels que granges, écuries, greniers, caves, celliers, pressoirs et au res, destinés, soit à loger les bestiaux des fermes et métairies, ou à serrer les récoltes, ainsi que les cours desdites fermes ou métairies, ne sont soumis à la contribution foncière qu'à raison du terrain qu'ils enlèvent à la culture, évalué sur le pied des meilleures terres labourables de la commune. (*Ibid., art. 85.*)

Lorsqu'il n'y a point de terres labourables dans une commune, l'évaluation se fait sur le pied des meilleures terres labourables de la commune voisine. (*Ibid., art. 86.*)

Forges, fourneaux, etc.

56.—Les forges, fourneaux, moulins à eau et à vent, les fabriques, briqueteries, tuileries, papeteries, verreries et autres manufactures, sont évalués à raison de leur valeur locative, calculée sur dix années, sous la déduction d'un tiers de cette valeur pour les frais d'entretien et de réparations. (*Ibid., art. 87.*)

Bacs, bateaux, etc.

57. — L'article 531 du code civil considère comme meubles les bateaux, bacs, navires, moulins et bains sur bateaux, et généralement toutes usines non fixées par des piliers et ne faisant point partie de la maison.

On s'est fondé sur cet article pour demander que ces usines

fussent exemptes de la contribution foncière qui ne doit frapper que sur les immeubles.

Mais le ministre a pensé que le code civil n'avait réglé que les droits et les intérêts des particuliers, et qu'il n'avait pu porter atteinte à ceux du fisc, ni abroger les lois qui avaient de tout temps régi l'impôt. Il a décidé en conséquence que, conformément aux anciens principes, les bacs, bateaux, bains publics, les bateaux, autrement dits plates, destinés au blanchissage, seraient soumis à la contribution foncière, d'après leur revenu réel ou présumé.

Valeur locative de ces usines.

58. — La valeur locative d'une usine, ou manufacture quelconque, se constate par les baux, si elle est louée ou affermée ; si elle n'est pas louée, par la comparaison avec les propriétés de même nature qui seraient louées dans la commune ; s'il n'y a aucune propriété du même genre louée dans la commune, s'il ne se trouve aucun point de comparaison, on calcule le revenu brut des marchandises ou productions, on déduit de ce produit brut les frais d'exploitation de toute espèce, et on établit le revenu net sur lequel on fait la déduction du tiers pour avoir le revenu net imposable. (*Inst. min.*)

Constructions nouvelles.

59. — Les maisons, fabriques, ou manufactures, forges, moulins, et autres usines et édifices nouvellement construits ou reconstruits ne sont cotisés que d'après leurs superficies, sur le pied des meilleures terres labourables, pendant les deux premières années qui suivent leur construction ou reconstruction entière. A l'expiration de ces deux ans, ils sont cotisés d'après leur valeur locative. (*Ibid.*, art. 88.)

Biens communaux.

60. — Les propriétés appartenantes aux communes, autres que les maisons destinées aux mairies et les écoles, sont imposables, et sont évaluées comme les autres propriétés de la commune.

La commune est tenue d'en payer l'imposition, à moins que,

par une condition expresse du bail, l'imposition ne soit à la charge du locataire ou du fermier ; auquel cas le locataire et le fermier sont tenus de la payer en déduction du prix de leur bail. (*Loi du 26 germinal an* xi — 16 *avril* 1803, *art.* 1.)

Biens communaux profitans également à chaque habitant.

61. — Lorsqu'une commune possède des domaines utiles, dont chaque habitant profite également, et qui ne sont pas susceptibles d'être affermés, comme des bois, pacages et marais communaux, ou des bâtimens servans à l'usage commun ; si elle n'a point de revenu suffisant pour payer la contribution desdits domaines, cette contribution est répartie en centimes additionnels sur les contributions foncière, personnelle et mobilière de tous les habitans de la commune. (*Ibid.*, art. 2.)

Biens communaux auxquels les habitans n'ont pas un droit égal.

62. — Lorsque tous les habitans n'ont pas un droit égal à la jouissance d'un bien communal, la répartition de la contribution assise sur ce bien est faite par le maire de la commune, avec l'autorisation du préfet, sur chaque habitant, au prorata de la part qu'il a dans ce bien. (*Ibid.*, art. 3.)

Biens communaux possédés par quelques habitans seulement.

63. — Lorsqu'une partie seulement des habitans a droit à la jouissance d'un bien communal, la répartition de la contribution assise sur ce bien n'a lieu qu'entre eux ; et toujours proportionnellement à leur jouissance respective. (*Ibid.*, art. 4.)

Desséchement des marais.

64. — La cotisation des marais qui sont desséchés, ne peut être augmentée pendant les vingt-cinq premières années après le desséchement. (*Loi du 3 frimaire an* 7 — 23 *novembre* 1798, *art.* 111.)

Défrichement des terres vaines et vagues.

65. — La cotisation des terres vaines et vagues, qui sont mises en culture, autres que bois, vignes, mûriers ou autres

arbres fruitiers, ne peut être augmentée pendant les dix premières années, après le défrichement. (*Loi du 3 frimaire an 7 — 23 novembre 1798, art. 112.*)

Terrains défrichés pour être plantés en bois.

66. — La cotisation des terres en friche depuis dix ans, qui sont plantées ou semées en bois, ne peut être augmentée pendant les trente premières années du semis ou de la plantation. (*Ibid., art. 113.*)

Terrains défrichés pour être plantés en vignes.

67. — La cotisation des terres vaines et vagues ou en friche depuis quinze ans, qui sont plantées en vignes, mûriers ou autres arbres fruitiers, ne peut être augmentée pendant les vingt premières années de la plantation. (*Ibid. art. 114.*)

Terrains en valeur plantés en bois.

68. — Le revenu imposable des terrains déjà en valeur qui seront plantés ou semés en bois, n'est évalué pendant les trente premières années de la plantation ou du semis, qu'au quart du revenu des terres d'égale valeur non plantées. (*Ibid., art. 116.*)

Terrains en valeur plantés en vignes.

69. — Le revenu imposable des terrains déjà en valeur qui seront plantés en vignes, mûriers ou autres arbres fruitiers, ne peut être évalué, pendant les quinze premières années de la plantation, qu'au taux du revenu des terres d'égale valeur non plantées. (*Ibid., art. 115.*)

Déclarations exigées pour les desséchemens et défrichemens.

70. — Pour jouir de ces divers avantages, et à peine d'en être privé, le propriétaire est tenu de faire au secrétariat de la mairie avant de commencer les desséchemens, défrichemens et autres améliorations, une déclaration détaillée des terrains qu'il voudra ainsi améliorer.

Cette déclaration doit être faite à la mairie et signée, tant par le maire, que par le déclarant. Copie de la déclaration doit être délivrée au déclarant moyennant la somme de 25 centimes non compris le papier timbré. (*Loi du 3 frimaire an 7 — 23 novembre 1798 , art.* 117 *et* 118.)

Procès-verbal et affiche de la déclaration.

71. — Dans les dix jours qui suivent la déclaration, le maire est tenu d'appeler deux répartiteurs, de faire avec eux la visite des terrains déclarés, de dresser procès-verbal de leur état présent et de le communiquer, ainsi que la déclaration, aux autres répartiteurs. Ce procès-verbal est affiché, pendant vingt jours, tant dans la commune de la situation des biens, qu'au chef-lieu du canton; il est rédigé sans frais et sur papier non timbré. (*Ibid., art.* 119.)

Observations des répartiteurs et des contribuables sur la déclaration.

72. — Il est libre aux répartiteurs et à tous autres contribuables de la commune, de contester la déclaration, et même de faire au maire des observations sur le procès-verbal de l'état présent des terrains; et si la déclaration ne se trouve pas sincère, le maire prononce que le déclarant n'a pas droit aux avantages précités; si, au contraire, la sincérité de la déclaration est reconnue, le maire arrête que le propriétaire a droit de jouir de ces avantages; on peut dans tous les cas recourir au sous-préfet qui réforme, s'il y a lieu, l'arrêté du maire. (*Ibid., art.* 120.)

Inscription sur la matrice de l'époque où les exemptions doivent cesser.

73. — Sur chaque matrice de rôle de la contribution foncière à l'article de chacune des propriétés qui jouissent de quelques exemptions ou modérations temporaires, accordées pour l'encouragement de l'agriculture, il doit être fait mention de l'année où ces propriétés doivent cesser d'en jouir. (*Ibid., art.* 123.)

Rentes perpétuelles et viagères.

74. — L'évaluation du revenu imposable et la cotisation des propriétés foncières de toute nature sont faites sans égard aux

rentes constituées ou foncières, et autres prestations dont elles sont grevées, sauf aux propriétaires à s'indemniser par des retenues. La retenue est faite dans la proportion de la contribution foncière. (*Loi du 3 frimaire an 7 — 23 novembre 1798, art. 97 et 98.*)

Stipulations relatives aux retenues.

75. — Les stipulations entre les contractans sur la retenue de la contribution foncière, sont entièrement libres; mais elle doit toujours avoir lieu, à moins que le contrat ne porte la condition expresse de non-retenue. (*Ibid.*, *art.* 101.)

Propriétés à bail emphytéotique.

76. — Les contributions imposées sur les propriétés tenues à bail emphytéotique, sont à la charge de l'emphytéote, lors même quil n'a point été astreint à ce paiement, par l'acte du bail. L'emphytéote est autorisé, à la retenue du cinquième sur le montant de la redevance, pour représenter la contribution due par le bailleur, à moins que le contraire n'ait été expressément stipulé. (*Avis du conseil d'état du 21 janvier 1809.*)

Exceptions; rues, places, rivières.

77. — Les rues, places publiques, carrefours, fontaines publiques, les lieux publics servant aux foires et aux marchés, les ponts, les grandes routes, les chemins vicinaux, les promenades publiques, boulevards, les rivières, ruisseaux, lacs, les rochers nus et arides, ne sont point imposables.

Les promenades publiques appartenant à des particuliers sont évaluées comme terrains de pur agrément. (*Loi du 3 frimaire an 7 — 23 novembre 1798, art.* 103 *et suiv.*)

Forêts royales.

78. — Les forêts royales et bois nationaux inaliénables ne sont point imposables.

Domaines nationaux non productifs.

79. — Les domaines nationaux non productifs, aliénables ou inaliénables, ne sont point imposables. (*Ibid., art.* 105 *et* 106.)

Dotation de la couronne.

80. — Les biens de la dotation de la couronne sont grevés de toutes les charges civiles de la propriété, mais ils ne supportent point de contribution publique. (*Acte du 30 janvier 1810.*)

Domaine extraordinaire de la couronne et domaine privé du roi.

81. — Le domaine extraordinaire de la couronne qui se compose des domaines et biens mobiliers et immobiliers que le roi, exerçant le droit de paix et de guerre, acquiert par des conquêtes ou des traités, soit patens, soit secrets, est assujetti à toutes les charges de la propriété, à toutes les contributions et charges publiques dans la même proportion que les biens des particuliers. (*Acte du 30 janvier 1810, art. 20 et 22.*)

Le domaine privé du roi qui provient, soit de donations, soit de successions, soit d'acquisitions, supporte toutes les charges de la propriété, toutes les contributions et charges publiques, dans la même proportion que les biens des particuliers. (*Ibid., art. 31 et 34.*)

Bâtimens destinés à un service public.

82. — Ne sont pas imposables,

1° Les palais, châteaux et bâtimens royaux, affectés à la chambre des pairs et à la chambre des députés des départemens, les jardins et parcs en dépendans;

2° L'hôtel royal des invalides, l'école militaire, l'école polytechnique, la bibliothèque royale, le jardin royal des plantes;

3° Les bâtimens affectés au logement des ministres, de l'université, des administrations et de leurs bureaux;

4° Les églises et les temples consacrés à un culte public, les cimetières;

5° Les archevêchés, évêchés et séminaires, les presbytères et jardins y attenans;

6° Les bâtimens occupés par les cours de justice et les tribunaux;

7° Les collèges royaux, écoles et maisons royales d'éducation, les bibliothèques publiques, musées, jardins de botanique des départemens, leurs pépinières et celles faites au compte du gouvernement par l'administration des forêts et par celle des ponts et chaussées ;

8° Les hôtels de préfecture, de sous-préfecture et jardins y attenans, les maisons communales, maisons d'école appartenantes aux communes ;

9° Les hospices et jardins y attenans, les dépôts de mendicité, prisons, maisons de détention ;

10° Les fortifications et glacis en dépendans, les arsenaux, magasins, casernes et autres établissemens militaires ;

11° Les manufactures de poudre de guerre, les manufactures de tabac et autres au compte du gouvernement, les haras ; enfin, tous les bâtimens dont la destination a pour objet l'utilité publique. (*Loi du 3 frimaire an 7 — 23 novembre* 1798, *et Décret du* 11 *août* 1808.)

Bâtimens publics appartenans à des particuliers.

83. — Les propriétés énoncées à l'article précédent, appartenantes à des particuliers, sont imposables d'après les principes qui les concernent respectivement. (*Inst. min.*)

Domaines nationaux productifs.

84. Les domaines nationaux productifs, aliénables ou inaliénables, autres que les bois, sont évalués comme les autres propriétés semblables. (*Loi du 3 frimaire an 7 — 23 novemb.* 1798.)

Renouvellement et formation des matrices de rôles.

85. — Aucune matrice de rôle ne peut être renouvelée que sur la demande du conseil municipal de la commune, et l'autorisation du préfet. (*Loi du 3 frimaire an 7 — 23 novembre* 1798, *art.* 57.)

Opérations préliminaires pour le renouvellement de la matrice.

86. — Lorsqu'il s'agit de renouveler une matrice de rôle, ou d'en former une dans des communes où il n'en existe point, il est essentiel de faire précéder ce travail par les opérations suivantes :

1° Délimitation de la commune ;

2° Division de la commune en sections ;

3° Tarif du prix des denrées ;

4° Fixation du nombre des classes de chaque genre de culture ;

5° Tarif des évaluations du produit net de chaque genre de culture ;

6° Liste des indicateurs qui doivent concourir aux états de sections.

Délimitation des communes.

87. Les délimitations des communes donnent lieu souvent à des difficultés et à des contestations. Le moyen de les éviter est de se rapprocher des principes établis dans l'instruction annexée à l'arrêté du gouvernement du 12 brumaire an XI — 3 novemb. 1802, qui s'exprime ainsi :

« L'usage a consacré une législation d'après laquelle il est reconnu plus utile de s'en tenir, pour la délimitation, aux convenances, que de consulter des prétentions fondées sur des titres contestés ou dont la révolution a détruit le mérite primitif ou l'objet féodal. »

Contestations.

88. — En cas de contestation sur quelques points, le procès-verbal doit en faire mention ; le préfet, à qui ce procès-verbal est transmis, convoque les conseils municipaux des communes en litige, à l'effet de consigner dans une délibération leurs dires et leurs titres au terrain contesté. Il envoie ces délibérations avec son avis au ministre de l'intérieur. (*Instr. minist.*)

Contestations entre départemens.

89. — Si les contestations sur les limites intéressent des communes qui dépendent de deux départemens, le préfet du département, où la délimination s'opère, s'entend avec le préfet du département voisin, qui lui envoie, avec son avis, la délibération du conseil municipal de la commune de son ressort. (*Instr. minist.*)

Enclaves.

90. — Les portions de terrain enclavées de toute part dans une commune, et qui auraient jusqu'alors été administrées par une

autre, sont de droit réunies à la commune sur le territoire de laquelle elles sont situées. (*Instr. minist.*)

Terrains prolongés sur un territoire étranger.

91. — Si un terrain ne tient à la commune qui l'administre que par un point de peu d'étendue, il doit être réuni à la commune dans le territoire de laquelle il se prolonge. (*Instr. minist.*)

Enclaves entre départemens.

92. — Lorsqu'il se trouve, dans une commune, une enclave qui dépend d'une commune située dans un autre département, on ne peut la faire sortir de cette dernière commune sans avoir pris l'avis du préfet, et sans une décision du gouvernement. (*Instr. minist.*)

Division de la commune en sections.

93. — Lorsque toutes les contestations sur les limites sont jugées, et que la circonscription de la commune est invariablement fixée, le maire et les répartiteurs forment un tableau indicatif du nom et des limites des différentes divisions du territoire de la commune, s'il y en a de connues, qu'ils estiment devoir conserver, ou de celles qu'ils croiraient devoir déterminer eux-mêmes.

Ces divisions s'appellent *sections ;* le tableau destiné à les faire connaître est proclamé et affiché dans la commune. (*Loi du 3 frimaire an 7 — 23 novembre 1798, art. 58.*)

Nombre de sections, et leur dénomination.

94. — Les sections doivent être à-peu-près égales, leur nombre doit être de trois, au moins, et de sept à huit au plus ; chaque section doit être désignée, non seulement par des lettres alphabétiques, mais encore par une dénomination d'après le hameau ou la culture principale que la section renferme. (*Inst. minist.*)

Tarif du prix des denrées.

95. — Le maire et les répartiteurs forment un tableau du

prix des grains, fourrages et autres denrées de la commune, d'après les mercuriales du marché où ces denrées se vendent. (*Inst. minist.*)

Formation de l'année commune sur quinze.

96. — Le prix moyen des denrées est établi sur le prix de quinze années, en retranchant les deux plus fortes et les deux plus faibles. Le onzième de la somme des années restantes forme le prix de l'année commune ; et, sur ce dernier prix, on doit encore déduire les frais du transport des denrées au marché ; on obtient, par ce procédé, le prix définitif.

A l'égard des denrées qui ne se vendent pas au marché, comme bois, vins, cidres, etc., le prix en est fixé de concert avec les principaux propriétaires, marchands et cultivateurs. (*Inst. min.*)

Classification de chaque genre de culture.

97. — Le maire et les répartiteurs déterminent en combien de classes chaque nature de culture doit être divisée, à raison des divers degrés de fertilité des terrains et de la valeur de leur produit. Le nombre des classes doit être limité à cinq, pour les terres labourables, prés, vignes et autres cultures prédominantes qui présentent une grande variété. Ce nombre peut et doit être moindre pour les autres. (*Inst. min.*)

Tarif des évaluations de chaque genre de culture.

98. — Le maire et les répartiteurs forment un tarif du revenu net imposable de chaque classe de chaque nature de culture ; ils doivent particulièrement s'attacher à mettre la proportion la plus exacte, non seulement entre chaque nature de culture, mais encore entre toutes les classes d'une même nature de culture.

Le tarif doit présenter aussi le prix de chaque classe de maison, lorsque les maisons sont susceptibles d'être divisées en classes, comme dans les communes rurales où six, huit et dix classes peuvent facilement être admises.

Les maisons des villes, des bourgs et des communes très-peuplés, ne sont pas susceptibles d'être divisées en classes, chaque maison doit y être évaluée séparément, il en doit être de même pour chaque usine, fabrique et manufacture. (*Inst. min.*)

Liste des indicateurs.

99. — Enfin le maire et les répartiteurs forment une liste des propriétaires, fermiers ou métayers, domiciliés dans la commune, qu'ils jugent connaître le mieux les différentes parties de chaque section, et être le plus en état de donner à cet égard des renseignemens précis.

Les noms de ces indicateurs sont portés à la suite du tableau destiné à faire connaître les différentes sections de la commune, proclamés et affichés avec lui. (*Ibid.*, art. 4o.)

Distribution des sections entre les répartiteurs.

100. — Lorsque toutes les opérations préliminaires ci-dessus sont terminées, on procède aux états de sections. A cet effet les répartiteurs se distribuent les sections, un ou plusieurs d'entre eux se transportent sur chacune de celles qu'ils ont à parcourir. Le jour de leur transport est annoncé à l'avance; ils appellent au moins les deux indicateurs désignés, et ils composent avec eux les états de sections.

Les contribuables de la section, ou leurs fermiers et métayers, peuvent être présens, si bon leur semble, faire des observations à ce relatives, donner même des renseignemens aux répartiteurs. (*Ibid.*, art. 41.)

Remplacement des indicateurs non comparans.

101. — Les indicateurs qui, étant appelés par les répartiteurs, ne se rendraient point auprès d'eux pour leur donner les renseignemens requis, sont remplacés par d'autres indicateurs, ou même par d'autres propriétaires, fermiers ou métayers que les répartiteurs peuvent appeler sur-le-champ et sans aucunes formalités. (*Ibid.*, art. 42.)

Confection des états de sections.

102. — Les états de sections doivent présenter la nature de

chaque fonds, sa contenance, son classement, et l'évaluation de son revenu net imposable. (*Inst. min., art.* 43 *et* 49).

Désignation des contenances.

103. — Chaque article de propriété, d'après sa situation topographique sur le terrain, forme un article dans l'état de section et reçoit un numéro, cette série de numéros se place dans la première colonne de l'état.

La seconde colonne présente les nom, prénoms, profession et demeure du propriétaire.

La troisième colonne indique la nature de chaque article de propriété, telles que les terres labourables, prés, vignes, jardins, bois taillis, maisons, moulins à eau, moulins à vent, etc.

La quatrième colonne indique la contenance de chaque article de propriété.

Ces quatre colonnes forment la première partie de l'état de section, et lorsqu'elles sont toutes remplies, on procède au classement. (*Dispositions réglementaires*).

Classement des fonds.

104. — Le classement consiste à distribuer entre les classes établies chaque article de propriété; à cet effet les répartiteurs et indicateurs passent sur chaque article de propriété, et notent au crayon la classe dont il est, les contenances classées se placent ensuite dans les colonnes destinées à recevoir le classement, et ce classement forme la seconde partie de l'état de section. (*Disposit. réglem.*)

Evaluation du revenu imposable.

105. — Cette opération consiste à appliquer à chaque article de propriété classée, le tarif des évaluations.

Ainsi, si d'après ce tarif la première classe d'un arpent de terre labourable est de six francs, et qu'un article de terre labourable porté en première classe contienne deux arpens, on applique à ces deux arpens le prix de six francs, et l'on a douze francs pour le revenu imposable. On opère de même, et successivement, pour tous les articles de chaque genre de propriété.

Le résultat de cette opération donne le revenu imposable de toutes les propriétés de chaque section, et en réunissant le revenu imposable de chaque section, on obtient en définitif celui de toute la commune.

C'est ce qui forme la troisième partie des états de section, et ces états étant ainsi complettés, on procède à la matrice de rôle. (*Disposit. réglem.*)

Matrice de rôle.

106. — La matrice de rôle se compose du simple dépouillement des états de section ; elle est divisée en autant d'articles qu'il y a de propriétaires fonciers, et toutes les propriétés qu'un même contribuable a dans la commune, sont reportées sous son nom, l'une à la suite de l'autre, avec indication de la section dans laquelle chacune d'elles se trouve située, de son numéro dans l'état de cette section et de l'évaluation de son revenu imposable.

La matrice est à colonnes, dont la première présente les noms, prénoms, professions et demeures des contribuables ; la seconde, la lettre alphabétique de l'état de section ; la quatrième, l'évaluation détaillée de leur revenu imposable ; la cinquième, le total d'évaluation du revenu imposable de toutes les propriétés portées sous un même article. (*Ibid., art.* 5i.)

Communication des états de sections et matrices à la commune.

107. — Les états de sections et matrices sont déposés pendant un mois au secrétariat de la mairie de la commune, afin que chacun puisse en prendre connaissance ; mais pour mettre mieux les propriétaires à portée de réclamer contre les erreurs qui auraient pu se glisser dans les contenances, le classement et l'évaluation de leurs fonds ; il serait préférable d'adresser à chacun un bulletin contenant tous les articles de propriété, tels qu'ils sont dans les matrices de rôle. (*Dispos. réglem.*)

Examen des réclamations.

108. — Tous ceux qui, à l'expiration du mois, n'ont point renvoyé leur bulletin, sont censés avoir adhéré au travail. Les

réclamations consignées dans les bulletins renvoyés à la mairie sont répondues par le maire et les répartiteurs, elles sont jugées par le conseil de préfecture, et l'on fait, sur les états de sections et matrices, toutes les rectifications résultant des décisions du conseil. (*Instr. minist.*)

Matrices sommaires.

109. — Les états de sections et matrices étant définitivement arrêtés après les rectifications nécessaires, il est dressé une matrice sommaire contenant par ordre alphabétique les noms de chaque propriétaire avec son revenu imposable. Cette matrice sert à l'expédition annuelle du rôle. (*Inst. minist.*)

Fixation du revenu imposable des fonds ruraux proprement dits.

110. — Les états de sections et matrices formés d'après les principes ci-dessus, ne peuvent, en ce qui concerne les propriétés foncières autres que les maisons et usines, être renouvelés que sur la demande du conseil municipal et d'après l'autorisation du préfet, ils doivent rester intacts, jusqu'à leur réconfection générale, et le revenu ne peut en être changé que dans les cas ci-après : (*Inst. min.*)

Terrains acquis ou perdus par suite de délimitation.

111. — Si une commune, quoique délimitée, venait, par suite de quelques changemens imprévus dans les limites, à acquérir des portions de terrains dépendans d'une commune voisine, ces terrains, ainsi que leurs revenus imposables, seraient ajoutés à sa matrice.

De même on retrancherait de la matrice de cette commune les propriétés et les revenus qui passeraient à la commune voisine. Ces transferts de propriétés et de revenus donnent lieu à un transfert de contribution qui s'opère d'après un arrêté du préfet, et change le contingent respectif des deux communes. (*Inst. min.*)

Corrosions ou enlèvemens de terrains.

112. — Lorsque des propriétés disparaissent totalement, soit par le changement du lit d'un fleuve ou d'un torrent, soit par l'envahissement de la mer, soit par toute autre cause, il est juste de les retrancher, ainsi que leur revenu imposable, de la matrice. (*Inst. min.*)

Terrains devenus non imposables.

113. — Lorsque, sans disparaître, un terrain cesse d'être imposable, soit par sa réunion au domaine de la couronne, soit parce qu'il est compris dans une grande route, une rue, une place publique, ou qu'il est consacré à un bâtiment non imposable, soit enfin par toute autre cause, le terrain, ainsi que son revenu, doit être retranché de la matrice. (*Inst. min.*)

Alluvions.

114. — Lorsque, par le changement du lit d'un fleuve, rivière ou torrent, par le retirement de la mer ou par toute autre cause, un terrain qui n'était ni imposable ni imposé se trouve susceptible de l'être, ce terrain, ainsi que son revenu, doit être ajouté à la matrice. (*Inst. min.*)

Terrains devenus imposables.

115. Lorsqu'un terrain qui n'était pas imposable le devient, soit par la cession ou l'échange qu'en ferait le domaine de la couronne, soit parce qu'une nouvelle direction donnée à une route rendrait à la culture le terrain qu'elle occupait précédemment, soit par la destruction d'un bâtiment qui était déclaré non imposable, soit enfin pour toute autre cause, le revenu de ce terrain est évalué et ajouté à la matrice. (*Instr. minist.*)

Communes réunies.

116. — Si deux communes viennent à être réunies, chacune d'elles conserve le revenu imposable porté dans sa matrice et à son rôle particulier. (*Inst. min.*)

Fixation du revenu imposable.

117. — Hormis les cas ci-dessus, les matrices foncières une fois

entièrement renouvelées, doivent continuer de servir de base à la répartition annuelle de l'impôt, jusqu'à leur entière réconfection, et ne peuvent subir d'autres changemens que ceux qui surviennent annuellement entre les propriétaires par suite des ventes, échanges, donations et autres actes translatifs des propriétés.

La matrice, en ce qui concerne les maisons, n'est point sujette à la même fixité ; les valeurs locatives peuvent varier d'une année à l'autre ; une maison peut être démolie, ou disparaître par suite d'un incendie ; une autre peut être construite, ou agrandie. Le revenu imposable des maisons peut dès-lors subir des modifications chaque année, d'après les estimations des répartiteurs, sauf les réclamations des contribuables. (*Inst. min.*)

CONTRIBUTIONS PERSONNELLE ET MOBILIÈRE.

Nature de cette contribution.

118. — La contribution personnelle est uniforme pour tous les contribuables, et consiste en trois journées de travail.

La contribution mobilière porte sur les loyers d'habitation. (*Loi du 3 nivôse an 7 — 23 décembre 1798.*)

Fixation du prix de la journée de travail.

119. — Le prix moyen de la journée de travail est fixé par le préfet ; il ne peut être au-dessous de 50 centimes, ni au-dessus de 1 fr. 50 c. (*Ibid., art. 5.*)

Taxe personnelle.

120. — La taxe personnelle est due par chaque habitant de tout sexe domicilié dans la commune depuis un an, jouissant de ses droits et non réputé indigent. (*Ibid., art. 20.*)

Taxe mobilière.

121. — La contribution personnelle étant répartie, ce qui pourra rester sur le contingent d'une commune est réparti en contribution mobilière au centime le franc de la valeur du loyer

d'habitation de chaque habitant déjà cotisé pour la taxe personnelle. (*Ibid.*, *art.* 21.)

Loyers imposables.

122. — Dans les loyers d'habitation, on ne comprend que la partie des bâtimens servans à l'habitation. N'y sont point compris, les magasins, boutiques, auberges, usines et ateliers pour raison desquels les habitans payent patente. (*Loi du 3 nivôse an 7 — 23 décembre 1798*, *art.* 25 *et* 26.)

Loyers d'habitation des célibataires.

123. — Les loyers d'habitation des célibataires sont surhaussés de moitié de leur valeur; ainsi un loyer de 600 francs est porté à 900 francs. (*Ibid.*, *art.* 21.)

Sont réputés célibataires les hommes seulement âgés de trente ans et non mariés, ni veufs. Les femmes, de quelque âge qu'elles soient, ne sont point assujéties aux dispositions concernant les célibataires. (*Ibid.*, *art.* 24.)

Enfans vivans avec leur père et mère.

124. — Les enfans majeurs ou mineurs vivans avec leur père et mère doivent l'impôt, s'ils jouissent de leurs revenus, ou s'ils exercent un état lucratif; et doivent d'ailleurs être cotisés séparément et d'après le loyer de l'habitation que chacun d'eux occupe, cette portion de logement doit être déduite sur la cote des père et mère. (*Décis. minis.*)

Fonctionnaires publics.

125. — Les députés et les fonctionnaires publics ne sont point cotisés sur les rôles de la commune, où ils sont retenus pour l'exercice de leurs fonctions; ils ne sont imposables qu'au lieu de leur domicile habituel. (*Décis. min.*)

Double habitation.

126. — Nul n'est taxé à la contribution personnelle qu'au lieu de sa principale habitation. Est considérée comme habitation principale, celle dont le loyer est le plus cher. En conséquence tout individu qui a plusieurs habitations est tenu de les déclarer à chacune des municipalités où elles sont situées, et d'indiquer

celle dans laquelle il doit être imposé. (*Loi du 21 ventôse an 9 — 12 mars 1801, art. 5.*)

Officiers et employés des administrations militaires.

127. — Les officiers d'état-major des divisions et des places, les officiers sans troupe, les commissaires ordonnateurs et ordinaires, les inspecteurs et sous-inspecteurs aux revues, les officiers civils, tant du département de la guerre, que de la marine, sont cotisés à la contribution personnelle et mobilière, au lieu de la résidence où les fixe leur service, à raison de deux centimes pour franc de leur traitement. (*Arrêté du 28 thermidor an 10 — 16 août 1802.*)

Objets à distraire du traitement.

128. — Dans le traitement n'est pas comprise la somme allouée en représentation du logement et des fourrages. (*Inst. min. du 22 fructidor an 10 — 9 septembre 1802.*)

Officiers de la gendarmerie.

129. — Ce mode de cotisation est applicable aux officiers de la gendarmerie. (*Décret du 11 avril 1810*).

Officiers sans troupe.

130. — L'expression d'officier sans troupe s'applique à tous les officiers du corps du génie qui ne sont attachés ni au bataillon de sapeurs ni aux compagnies de mineurs, attendu qu'ils ont des livrets particuliers, qu'ils touchent leur solde individuellement, et sont textuellement compris au nombre des officiers sans troupe, dont les inspecteurs doivent tenir des contrôles annuels. (*Avis du conseil d'état du 16 vendémiaire an 14 — 8 octobre 1805.*)

Mode de payement de la contribution.

131. — Cette contribution est perçue par forme de retenue sur les appointemens. (*Décret du 12 juillet 1807.*)

État à remettre au directeur.

132. — Pour prévenir toute erreur, omission ou fausse indication, le directeur des contributions se procure, avant la confection des rôles, un état des militaires et employés imposables, signé par les agens de la guerre et de la marine, dans les divisions militaires et arrondissemens maritimes. (*Inst. minist. du 28 juin 1808.*)

État à fournir au payeur.

133. —Pour mettre le payeur à portée d'opérer la retenue, le directeur des contributions lui envoie un état visé par le préfet, et qui présente, par arrondissement et par commune, les noms et les taxes des officiers et employés ci-dessus. (*Décret du 12 juillet 1807.*)

Manière d'opérer la retenue.

134.—Le payeur fait la retenue des cotes sur les appointemens de ces officiers et employés, proportionnellement à la somme payée sur le traitement. Ainsi, s'il paye un douzième du traitement, il retient un douzième de la contribution; s'il paye moitié du traitement, il retient la moitié de la contribution. (*Décret du 12 juillet 1807.*)

Changement de résidence.

135. —Lorsque les officiers ou employés changent de résidence, le payeur donne avis de la somme à recouvrer sur eux au payeur de l'arrondissement où ils se transportent; ce dernier exerce la retenue, et en verse le produit au receveur général de son département, qui le transmet au receveur général du département où les officiers ou employés ont été primitivement imposés. (*Décret du 12 juillet 1807.*)

Versement des retenues.

136. —Le payeur verse le trente de chaque mois, dans la caisse du receveur général, le montant des retenues faites pendant le mois. Ce versement est accompagné de deux bordereaux indicatifs du nom des contribuables, des communes où ils sont imposés, du montant de leur cote, de la date et du montant des retenues exercées.

L'un de ces bordereaux contient la retenue exercée par le payeur sur les contribuables de son département, et l'autre les retenues exercées sur les contribuables qui, imposés dans un autre département, sont venus demeurer dans le sien avant l'entier payement de leurs contributions. (*Décret du 12 juillet* 1807.)

Double expédition des bordereaux.

137. — Les bordereaux formés par le payeur, le sont en double expédition. L'une reste entre les mains du receveur général, qui souscrit l'autre du récépissé du montant des retenues versées dans sa caisse. (*Décret du 12 juillet* 1807.)

Transmission des bordereaux au receveur particulier.

138. — Le receveur général adresse au receveur particulier un extrait de l'un et l'autre bordereau, au moyen de quoi le receveur particulier se charge en recette du montant de ces retenues.

De son côté le receveur particulier en donne connaissance aux percepteurs qui s'en chargent pareillement en recette et les émargent sur leur rôle. (*Ibid.*)

Formalités en cas de décès.

139. — En cas de décès d'un contribuable et de réclamation par les héritiers de la portion échue de ses appointemens, le payeur retient la totalité de ce qui est dû sur la contribution du décédé; et si le montant des appointemens ne suffit point pour solder cette contribution, il en prévient le receveur général qui en fait poursuivre le recouvrement contre la succession. (*Ibid.*)

Officiers et employés ayant une habitation particulière.

140. — Les officiers et employés qui ont une habitation occupée par leur famille, dans un autre endroit que celui où les fixe leur service, ne sont point cotisés à raison de cette habitation. Ils ne sont imposables qu'au lieu où ils résident pour leur service et d'après leur traitement. (*Inst. du 22 fructidor an 10 — 9 septembre* 1802.)

Deuxième Partie.

Officiers sans résidence fixe.

141. — Les officiers soit de terre, soit de mer, qui n'ont point de résidence fixe, et n'ont d'habitation que celle de leur garnison, ne sont point compris au rôle personnel et mobilier dans le lieu de leur garnison, attendu, qu'exposés à des déplacemens le recouvrement de leur taxe serait impossible. (*Inst. min. du 22 fructidor an 10 — 9 septembre 1802.*)

Remplacement de la contribution mobilière dans les grandes villes.

142. — La loi du 24 avril 1806, et celle sur le budget des finances de 1817, autorisent le remplacement du montant de la contribution mobilière des villes et communes, ayant un octroi, par une perception sur les consommations, d'après la demande qui en est faite aux préfets, par les conseils municipaux.

Mais pour le maintien du principe, il doit toujours être payé une somme sous le titre de contribution personnelle.

Cette somme doit être acquittée en vertu d'un rôle; et pour l'établissement des taxes, il est formé un tarif gradué d'après les loyers d'habitation. On joint ici un modèle de ce tarif, d'après celui adopté dans plusieurs départemens.

Loyers de			Loyers de	
100 fr. à 149	Néant.		1,500 fr. 1,600 1,700 1,800 1,900	50 fr.
150 200	5 fr.		2,000 2,100 2,200 2,300 2,400	60
300 400 500	10		2,500 2,600 2,700 2,800	80
600 700	20		2,900 3,000 et au-dessus.	
800 900 1,000	30			
1,100 1,200 1,300 1,400	40			

Mode de la formation du rôle personnel.

143. — Le rôle personnel doit être fait de manière à donner une somme supérieure à celle qui doit entrer au trésor royal.

Ainsi, en supposant que le contingent de la contribution personnelle et mobilière d'une ville soit de 300,000 fr. ; si le conseil municipal délibère que la somme à payer, pour la contribution personnelle, sera de 30,000 fr., le rôle pourra être porté à 39 ou 40,000 fr. Les 30,000 fr. sont versés intégralement au trésor royal ; les 9 ou 10,000 fr., excédant du rôle, servent à couvrir les non-valeurs, et subsidiairement à augmenter les revenus de la commune. Les taxations des percepteurs sont imposées en sus du montant du rôle.

Le conseil municipal émet son vœu sur l'augmentation que son octroi doit supporter, ou sur les nouveaux droits à établir pour procurer la somme à laquelle se trouve monter la contribution mobilière à remplacer.

Le tarif pour le rôle de la contribution personnelle, et le tarif pour l'augmentation de l'octroi, sont adressés par le préfet au ministre des finances.

Le mode de perception adopté pour le remplacement de la contribution mobilière, est consacré par une ordonnance du roi. (*Loi du 24 avril 1806. — Inst. min. du 4 décembre 1806. — Loi sur les finances de 1817.*)

CONTRIBUTION DES PORTES ET FENÊTRES.

Nature de cette contribution.

144. — CETTE contribution est assise sur les portes et fenêtres donnant sur les rues, cours ou jardins des maisons, bâtimens, usines, magasins, hangards, boutiques et salles de spectacles. (*Loi du 4 frimaire an 7 — 24 novembre 1798, art. 1er.*)

Tarif.

145. — Le tarif des taxes des portes et fenêtres est gradué,

comme il suit, selon la population des communes. (*Loi du 13 floréal an 10 — 3 mai 1802.*)

PORTES COCHÈRES.

		fr.	c.
Dans les villes au-dessous de . . . 5,000 habitans		1	60
de 5 à 10,000		3	50
de 10 à 25,000		7	50
de 25 à 50,000		11	20
de 50 à 100,000		15	»
au-dessus de 100,000		18	80

PORTES ORDINAIRES ET FENÊTRES DE REZ-DE-CHAUSSÉE, FENÊTRES DES PREMIER ET SECOND ÉTAGES.

		fr.	c.
Dans les villes au-dessous de . . . 5,000 habitans		1	60
de 5 à 10,000		»	75
de 10 à . . . . . 25,000 , ...		»	90
de 25 à 50,000		1	20
de 50 à 100,000		1	50
au-dessus de 100,000		1	80

FENÊTRES DU TROISIÈME ÉTAGE ET AU-DESSUS.

		fr.	c.
Dans les villes au-dessous de . . . . 5,000 habitans		»	60
au-dessus de 5,000		»	75

MAISONS N'AYANT QU'UNE PORTE ET UNE FENÊTRE.

	fr. c.	fr. c.
Dans les villes au-dessous de 5,000 hab. porte.	» 40	fenêt. » 20
de 5 à 10,000	» 50	. . . » 25
de 10 à 25,000	» 60	. . . » 30
de 25 à 50,000	» 80	. . . » 40
de 50 à 100,000	1 »	. . . » 50
au-dessus de 100,000	1 »	. . . » 60

Exemptions.

146. — Sont exempts de l'impôt :

1° Les portes donnant sur le palier, les portes et fenêtres servant à éclairer les granges, bergeries, étables, greniers, caves, et autres locaux qui ne servent pas à l'habitation des hommes, ainsi que toutes les ouvertures du comble et des toitures des maisons. (*Loi du 4 frimaire an 7 — 24 novembre 1798, art. 5.*)

2° Les portes et fenêtres des bâtimens employés à un service public, civil, militaire ou d'instruction, et aux hospices ; cependant tout individu qui occupe en tout ou en partie un des bâtimens ci-dessus, et à qui la loi n'accorde point de logement, doit l'impôt pour les fenêtres du logement qu'il occupe. (*Loi du 4 frimaire an 7 — 24 novembre 1798, art. 5.*)

3° Les portes et fenêtres des manufactures. Les propriétaires de ces manufactures ne sont taxés que pour les fenêtres de leurs habitations personnelles, et de celles de leurs concierges et commis ; en cas de difficulté sur ce que l'on doit considérer comme manufacture, il y est statué par le conseil de préfecture. (*Loi du 4 germinal an XI — 25 mars 1802, art. 19.*)

Obligations respectives des propriétaires et des locataires.

147. — Le propriétaire qui donne sa maison à loyer à plusieurs locataires, retient la taxe des portes et fenêtres à ses locataires, à raison de celles qui sont à l'usage de chacun d'eux.

La porte d'entrée, les fenêtres du palier, ou de l'escalier ; enfin les portes et fenêtres qui n'appartiennent pas plus à un locataire qu'à l'autre, restent à la charge du propriétaire. (*Loi du 4 frimaire an 7 — 24 novembre 1798 ; et Inst. minist.*)

S'il n'y a qu'un seul locataire, occupant toute la maison, toutes les portes et fenêtres étant à son usage, le propriétaire lui retient toute la taxe. (*Ibid.*)

S'il y a un principal locataire, le propriétaire lui retient toute la taxe, et le principal locataire retenant à chacun des sous-locataires, sa portion contributive, prend à sa charge les portes et fenêtres d'un usage commun. (*Ibid.*)

PATENTES.

PRINCIPES relatifs aux Patentes, et Tarifs des Patentes.

148. — Tous ceux qui exercent les commerces, métiers ou professions désignés dans la loi et dans le tarif y annexé, sont tenus de se munir d'une patente. (*Loi du 1ᵉʳ brumaire an 7 — 22 octobre 1798, art. 2.*)

Professions non désignées dans le tarif.

149. — Les commerces et professions non désignés dans le tarif n'en sont pas moins soumis à la patente. Ils sont taxés par analogie avec les commerces de même nature, d'après l'avis du directeur des contributions et la décision du préfet. (*Instruction ministérielle.*)

Nature des droits.

150. — Les droits de patente se divisent en droit fixe et en droit proportionnel. (*Loi du 1ᵉʳ brumaire an 7 — 22 octobre 1798, art. 5.*)

Droit fixe.

151. — Le droit fixe est réglé par le tarif. Il varie à raison de la population de la commune et du commerce qu'on exerce.

Droit proportionnel.

152. — Le droit proportionnel se règle d'après le loyer ; il est le quarantième du loyer pour les maîtres d'hôtels garnis (*loi du 1ᵉʳ brumaire an 7 — 22 octobre 1798, art. 34*), le trentième pour les meûniers (*loi du 13 floréal an 10 — 3 mai 1802, art. 26*), le vingtième pour les maîtres de jeux de paume (*loi du 1ᵉʳ brumaire an 7, art. 34*), et le dixième pour toutes les autres professions. (*Loi du 1ᵉʳ brumaire an 7, art. 5.*)

Par loyer, on entend celui tant de l'habitation personnelle que des usines, ateliers, magasins et boutiques. (*Inst. min.*)

Classes soumises au droit proportionnel.

153. — Le droit proportionnel est dû par tous ceux qui sont dans les cinq premières classes du tarif, ou dont le droit fixe est de 40 francs et au-dessus, quand leur état est hors de classe.

Il n'est point dû de droit proportionnel par ceux qui sont dans les sixième et septième classes, ou dont l'état, quand il est hors de classe, ne donne lieu qu'à un droit de 30 francs et au-dessous. (*Loi du 1er brumaire an 7 — 22 octobre 1798, art. 6.*)

Patentables exerçant deux commerces.

154. — Nul n'est obligé de prendre plus d'une patente, quelles que soient les diverses branches de commerce qu'il exerce. Dans ce cas, la patente n'est due que pour le commerce qui donne lieu au plus fort droit. (*Loi du 1er brumaire an 7 — 22 octobre 1798, art. 24.*)

Associés.

155. — Les patentes sont personnelles, et ne peuvent servir qu'à ceux qui les obtiennent. En conséquence, chaque associé d'une même maison de banque, de commerce en gros ou en détail, et de toute autre profession et industrie assujéties à la patente, est tenu d'avoir la sienne.

Quand les associés occupent en commun la même maison d'habitation, les mêmes usines, ateliers, magasins et boutiques, ils ne doivent qu'un droit proportionnel, qui est payé en entier par l'un d'eux; les autres ne payent que le droit fixe. (*Ibid., art. 25.*)

Associés en commandite.

156. — Les associés en commandite sont ceux qui fournissent des fonds dans une société pour en partager les profits et pertes proportionnellement à leurs mises seulement, sans être en nom dans la raison de société, et sans pouvoir prendre une part active dans la régie et administration de l'entreprise ou du commerce. Ces associés en commandite ne sont point assujétis à la patente. (*Ibid., art. 25.*)

Maris et femmes.

157. — Le mari et la femme, exerçant deux états différens, ne

sont tenus de prendre qu'une patente, celle de l'état qui donne lieu au droit fixe le plus fort; le droit proportionnel est dû sur tous les lieux qu'ils occupent. S'ils sont séparés de biens, chacun d'eux doit avoir sa patente, et payer séparément le droit fixe et proportionnel. (*Loi du* 1er *brumaire an* 7 — 22 octobre 1798, *art.* 25.)

Marchands en gros.

158. — Sont réputés marchands en gros, quel que soit leur commerce, tous ceux qui font des reventes sous les enveloppes usitées pour les premières entrées dans le commerce des objets commerçables. (*Ibid.*, *art.* 30.)

Marchands en gros et en détail.

159. — Tout marchand qui vend à balle et à pièces doit être considéré comme marchand en gros, parce que, vendant en gros et en détail, il fait évidemment deux états distincts, et qu'en ce cas il doit payer la patente pour l'état qui donne ouverture au droit le plus fort. (*Instruct. minist.*)

Patente prise pour l'année entière.

160. — Les patentes sont prises pour l'annnée entière, sans qu'elles puissent être bornées à une partie de l'année.

Ainsi, celui qui a pris une patente au 1er janvier, doit la payer en totalité, lors même qu'il viendrait à quitter son état dans le cours de l'année. (*Loi du* 1er *brumaire an* 7 — 22 octobre 1798, *art.* 4.)

Individus qui s'établissent dans le cours de l'année.

161. — Ceux qui entreprennent, dans le courant de l'année, un commerce, une profession, une industrie sujets à patente, ne doivent le droit qu'au prorata de l'année, calculé par trimestre, et sans qu'un trimestre puisse être divisé.

Ainsi, celui qui s'établit au mois de mai, doit la patente pour neuf mois, ou trois trimestres, à partir du 1er avril. (*Ibid.*, *art.* 4.)

Établissement nouveau formé dans le cours de l'année.

162. — Tout individu patenté, qui entreprend un commerce

ou une profession de classe supérieure à celle de la patente qu'il a déjà prise, est tenu de prendre une nouvelle patente de cette classe, et d'en payer le droit fixe au prorata. Il doit même un supplément de droit proportionnel au prorata, s'il a de nouveaux établissemens d'une valeur locative supérieure à celle des premiers. (*Loi du 1er brumaire an 7—22 octobre 1798, art. 26.*)

Changement de domicile dans le cours de l'année.

163. — Si un individu patenté change son domicile pendant le cours de l'année, la patente lui servira dans la nouvelle commune, en payant, au prorata, le droit proportionnel des maisons d'habitation, usines, ateliers, magasins et boutiques qu'il prendra, et un supplément, aussi au prorata du droit fixe, s'il est plus fort pour la même classe dans la nouvelle commune. (*Ibid., art. 28.*)

Exemptions.

164. — Sont exempts de la patente, 1° les fonctionnaires publics et employés salariés, en ce qui concerne seulement l'exercice de leurs fonctions. (*Ibid., art. 29.*)

2° Les laboureurs et cultivateurs, seulement pour la vente des récoltes et fruits provenant de leurs propriétés ou des terrains par eux exploités, ainsi que pour le bétail qu'ils y élèvent. (*Ibid.*)

3° Les sages-femmes, les maîtres de la poste aux chevaux, les pêcheurs, les cardeurs, fileurs de laine et coton, les blanchisseuses, les savetiers, les tripiers. (*Ibid.*)

4° Ceux qui vendent en ambulance dans les rues, dans les lieux de passage, et dans les marchés des communes, les fruits, les légumes, le beurre, les œufs, le fromage, et autres menus comestibles. Tous ceux qui vendent d'autres objets, même en ambulance, échope, ou étalage, doivent la moitié du droit que payent ceux qui vendent en boutique. (*Ibid.*)

5° Les commis, les ouvriers, journaliers et toutes personnes à gages, travaillant pour autrui dans les maisons, ateliers et boutiques de ceux qui les employent. Ne sont point réputés ouvriers travaillant pour le compte d'autrui, ceux qui travaillent chez eux pour les marchands et fabricans en gros et en détail, ou pour les particuliers, et même sans compagnons, enseignes, ni boutiques ; ils doivent être pourvus de la patente de la sixième classe, ou de celle de leur profession désignée dans le tarif. (*Loi du 1er brumaire an 7 — 22 octobre 1798, art. 29.*)

6° Les peintres, graveurs, sculpteurs considérés comme artistes et ne vendant que le produit de leur art. (*Ibid.*)

7° Les notaires. (*Loi du 25 ventôse an XI, art. 23.*)

8° Les concessionnaires des mines, leur exploitation n'étant point considérée comme un commerce. (*Loi du 21 avril 1810, art. 32.*)

9° Les agens préposés à l'achat et à la fabrication des tabacs, les garde-magasins et régisseurs des manufactures, les entreposeurs et les débitans de tabac, mais ils doivent la patente pour une autre profession sujette à patente qu'ils réuniraient à leur état. (*Inst. min. du 7 août 1811.*)

Epoque du paiement des patentes.

165. — La taxe des patentes est payable comme les autres contributions directes, par douzième de mois en mois à partir du premier janvier. (*Arrêté du 26 brumaire an 10 — 17 novembre 1801, art. 3.*)

Forains.

166. — Les forains doivent payer la patente entière dans le premier mois. (*Loi du 13 floréal an 10 — 3 mai 1802, art. 26.*)

Patentés décédés.

167. — La cote des patentés qui viennent à décéder pendant le cours de l'année, n'est exigible que pour le temps qui s'est écoulé jusqu'à leur décès. (*Loi du 13 floréal an 10 — 3 mai 1802, art. 24.*)

Délivrance de la patente.

168. — Le patentable muni de sa quittance des douzièmes échus, et de la formule de la patente que lui remet le percepteur, se présente chez le maire qui signe cette formule et la

revêt du sceau de la commune. La formule est aussitôt inscrite sur le registre de la mairie, registre non sujet au timbre, et destiné à recevoir par numéro toutes les patentes. (*Loi du 1er. brumaire an 7 — 22 octobre 1798, art. 22.*)

Double expédition.

169. — Ceux qui ont besoin de plusieurs expéditions de leur patente pour en justifier dans d'autres communes que celle de leur domicile, peuvent les requérir sans autres frais que ceux du papier timbré; il en est de même pour ceux qui auront perdu leur patente. Chaque expédition est notée par première, seconde, troisième, etc., et signée par le patenté, s'il sait signer; dans le cas contraire, il en est fait mention. (*Ibid.*, art. 59.)

Obligation de prendre la formule de patente.

170. — La formule des patentes est indépendante de la quittance de la taxe, portée au rôle; quoique le patentable ait un intérêt assez puissant pour se la procurer, puisque c'est par elle seule qu'il est à même de justifier du droit qu'il a d'exercer sa profession, et qu'il est obligé de faire cette justification, toutes les fois qu'il paraît en justice, cependant il arrive que des patentables refusent de s'en munir et parviennent ainsi à se soustraire au paiement du droit de timbre, auquel la formule est assujettie. (*Inst. min.*, 30 décembre 1814.)

Moyen de prévenir cet abus.

171. — Pour prévenir cet abus, il est délivré à chaque percepteur un nombre de formules égal à celui des cotes portées au rôle des patentes, et le percepteur ne peut être admis à en rendre que dans la proportion exacte des décharges qui ont été accordées. (*Ibid.*)

Il a dès-lors le droit de forcer le patentable à prendre la formule. Le patentable n'est tenu de payer que le prix du timbre. (*Ibid.*)

Formules de patentes non employées par le percepteur.

172. — Avant la mise en recouvrement des rôles des patentes

d'un exercice, le receveur général se fait remettre, par le receveur particulier, un état du nombre de formules de patentes, qui n'a pu être employé par chaque percepteur sur l'exercice précédent, à raison des articles tombés totalement en non-valeurs.

Le receveur général envoie, au préfet, cet état, qui présente le nombre de formules que chaque percepteur n'a pu employer, et qui sont restées en ses mains. (*Instr. min.*, 3o *décembre* 1814.)

Impression des formules.

172 *bis*. — Le préfet, ayant sous les yeux le nombre de cotes que présentent les nouveaux rôles de chaque commune, fait imprimer les formules de patentes, sous la déduction du nombre de celles que chaque percepteur n'a pu employer sur l'exercice précédent. (*Ibid.*)

Timbre extraordinaire des formules.

173. — Le préfet envoie les formules au directeur de l'enregistrement pour les faire timbrer à l'extraordinaire.

Ces formules timbrées sont renvoyées, par le directeur de l'enregistrement, au préfet, qui les transmet au maire de chaque commune, avec les rôles des patentes. Les rôles et les formules sont remis au percepteur. (*Ibid.*)

Obligation fournie par le receveur général.

174. — Le receveur général dépose, entre les mains du receveur du timbre extraordinaire, une obligation de payer le montant du droit de timbre des formules de patentes à l'expiration des trois mois qui suivent la mise en recouvrement des rôles. (*Ibid.*)

Versement du droit de timbre par les percepteurs.

175. — Les percepteurs sont tenus, dans les deux mois qui suivent la mise en recouvrement des rôles, de verser, chez le receveur particulier de l'arrondissement, le coût du timbre des feuilles de patentes qui lui ont été livrées. (*Ibid.*).

Versement du coût du timbre par le receveur particulier.

176. — Le receveur d'arrondissement doit, avant l'expiration

des trois mois qui suivent la mise en recouvrement des rôles, verser, entre les mains du receveur général, les sommes à lui remises par les percepteurs, et provenant du coût du timbre des formules de patentes. (*Inst. min.*, 30 *décembre* 1814.)

Frais de papier et impressions.

177. — Les frais de fourniture de papier et d'impression des formules de patentes sont à la charge des préfets. (*Inst. minist. du* 30 *décembre* 1814.)

Les frais d'impression et de papier des matrices et des rôles des patentes sont à la charge du directeur des contributions. (*Inst. minist.*)

Les frais des registres, destinés à insérer les formules des patentes, que le maire doit signer et remettre au patentable, sont à la charge de la commune. (*Inst. minist.*)

Obligation de représenter les registres en cas de réclamation.

178. — Tous ceux qui, imposés comme marchands en gros, ou comme associés à un commerce, se prétendent simplement marchands en détail, commanditaires ou commis, doivent justifier de la nature de leur commerce et de leur véritable qualité, par la représentation de leurs journaux et registres, ainsi que de leurs actes de société. (*Loi du* 1er *brumaire an* 7—22 *octobre* 1798, *art.* 31.)

Demandes en justice.

179. — Nul ne peut former de demande, ni fournir aucune exception ou défense en justice, ni faire aucun acte ou signification par acte extrajudiciaire pour tout ce qui est relatif à son commerce, sa profession et son industrie, sans qu'il soit fait mention, en tête des actes, de la patente prise, à peine d'une amende de 500 fr., tant contre les particuliers sujets à la patente, que contre les fonctionnaires publics qui auraient fait ou reçu lesdits actes sans mention de la patente. La condamnation de cette patente est poursuivie au tribunal civil du département, à la requête du procureur du roi près ce tribunal. Le rapport de la patente ne peut suppléer au défaut de l'énonciation, ni dispenser

de l'amende prononcée ci-dessus. (*Loi du 1er brumaire an 7 —
22 octobre 1798 , art. 37.*)

Exhibition de la patente.

180. — Tout individu qui expose des marchandises en vente,
dans quelque lieu que ce soit, est tenu d'exhiber sa patente,
toutes les fois qu'il en est requis par les juges de paix, commissaires de police, administrateurs, maires ou adjoints municipaux,
ou procureurs du roi.

Si celui qui n'est point pourvu de patente ou qui ne la représente point, vend hors de son domicile, les objets exposés en
vente seront saisis ou séquestrés aux frais du vendeur, jusqu'à la
représentation d'une patente convenable.

S'il vend à son domicile, il sera dressé un procès verbal qui
sera envoyé au procureur du roi près le tribunal, pour faire
poursuivre le contrevenant conformément à la loi. (*Loi du 1er
brumaire an 7 — 22 octobre 1798, art. 38.*)

Prélèvement sur les rôles des Patentes.

181. — Il est prélevé sur les rôles des patentes dix centimes
qui, joints aux cinq centimes imposés additionnellement au principal pour dégrèvement et non-valeurs, forment un total de
quinze centimes.

Sur ces quinze centimes, deux centimes sont affectés aux frais de
la confection des rôles. Les treize centimes servent à couvrir les
décharges ; et l'excédant, s'il y en a, tourne au profit des communes pour l'acquit de leurs dépenses municipales. (*Ins. Min.
du 20 septembre 1809*).

Décompte de ce qui revient aux communes.

182. — Le directeur des contributions est spécialement chargé
de rédiger et de présenter, tous les ans, au préfet, dans le mois
de juillet, le décompte de ce qui revient à chaque commune sur
les treize centimes. (*Ibid.*)

Modèle du tableau du décompte.

183. — Le modèle du tableau du décompte est celui annexé

à une lettre ministérielle du 27 septembre 1816. Il présente, dans les deux dernières colonnes, les sommes revenant à chaque commune, et l'excédant des non-valeurs.

Les sommes revenant aux communes leur sont comptées par le receveur général. L'excédant des non-valeurs est payé au receveur général par le trésor royal.

Envoi du tableau du décompte.

184. — La minute du tableau du décompte reste déposée à la préfecture. Il en est fait des expéditions qni sont adressées par le préfet au ministre des finances, au receveur général et à chaque sous-préfet, qui en transmet une copie au receveur particulier de l'arrondissement.

Modifications apportées à la loi du 1er brumaire an 7, sur les patentes, par le projet de loi sur les finances de 1817.

185. — Le projet de loi sur les finances de 1817, présenté à la chambre des députés, renferme, sur les patentes, quelques modifications à la loi du 1er brumaire an 7.

On a cru devoir se borner à insérer ici ces nouvelles dispositions comme notices seulement, dans l'incertitude si elles seront adoptées, et pour ne point retarder l'impression du Manuel. La loi définitive fera connaître celles de ces dispositions qui auront été ou changées, ou rejetées, ou maintenues.

Extrait du projet de loi sur les finances de 1817.

ART. 24. Seront mis hors de classe, et paieront un droit fixe, sans avoir égard à la population ; savoir :

1° Les négocians, les armateurs, les commissionnaires de marchandises vendues en gros,

Dans les villes de cinquante mille ames et au-dessus. . 300 fr.

Dans toutes les autres communes . . . . 200 fr.

2° Les fabricans à métier qui n'occupent ou n'entretiennent pas plus de cinq métiers, soit chez eux, soit hors de leur domicile . . . . 20 fr.

Le droit fixe des fabricans à métier sera augmenté

de 5 francs par métier en activité excédant le nombre de cinq, jusqu'au *maximum* de 300 fr., qui ne pourra pas être dépassé.

3° Les fabricans de draps et autres tissus de laine, jusqu'au nombre de cinq métiers . . . .   50fr.

Le droit fixe des fabricans de draps et autres tissus de laine sera augmenté de 10 fr. par métier, jusqu'au *maximum* de 300 francs.

Sont exceptés les fabricans de draps et autres tissus de laine grossiers et communs : ils ne paieront que le droit fixé pour les fabriques à métier.

4° Les filateurs qui n'emploient pas plus de cinq cents broches, non compris celles des bellys et autres métiers préparatoires . . . .   15 fr.

Pour tout ce qui excédera cinq cents broches, ils paieront 3 francs pour cent broches, jusqu'au *maximum* de 300 francs.

ART. 25. Les fabricans et les filateurs seront tenus de faire, devant le maire de leur commune, la déclaration du nombre de métiers et de broches qu'ils entretiennent, soit chez eux, soit hors de leur domicile.

ART. 26. Les déclarations pourront être vérifiées par des commissaires nommés par les maires.

ART. 27. Ceux des fabricans et filateurs qui se soumettront au *maximum* du droit, seront dispensés de toutes déclarations et vérifications.

Ceux qui auraient fait une fausse déclaration, seront taxés également au *maximum* du droit, et encourront en outre une amende de 200 francs.

Art. 28. Le préfet indiquera l'époque des déclarations, qui ne pourront avoir lieu qu'une fois l'an, ainsi que le délai dans lequel elles devront être faites.

Art. 29. Les teinturiers, les imprimeurs d'étoffes, les tanneurs, les manufacturiers des produits chimiques, les entrepreneurs des fonderies, des forges, des verreries, des aciers, des papeteries, des blanchisseries, et de tous autres établissemens industriels, tels qu'ils sont définis par l'article 32 de la loi du 1er brumaire an 7, paieront un droit fixe, égal au droit de première classe de la ville du département dans lequel ils sont situés, ou le droit le plus élevé.

Néanmoins, s'il est reconnu que le droit est trop fort, relativement à l'importance de ces établissemens, ils pourront être placés à la seconde, et même à la troisième classe.

Art. 30. Les patentables qui ont plusieurs établissemens dans diverses communes, paieront le droit fixe dans le lieu où ce droit est le plus élevé.

Art. 31. Lorsque, dans une maison de commerce, il y aura plusieurs associés résidant dans la même commune, le principal associé paiera le droit fixe en entier; les autres ne paieront chacun qu'un demi-droit fixe.

Art. 32. Les médecins et officiers de santé attachés aux hospices ou au service des pauvres, et aux établissemens de vaccine, qui recevraient à cet effet une rétribution, sont assujettis à la patente.

TARIF DES PATENTES,

EU ÉGARD A LA POPULATION DES VILLES.

CLASSES.	de 100,000 âmes et au-dessus.	de 50,000 à 100,000	de 30,000 à 50,000	de 20,000 à 30,000	de 10,000 à 20,000	de 5,000 à 10,000	au dessous de 5,000
1re	300 f.	240 f.	180 f.	120 f.	80 f.	50 f.	40 f.
2e	100	80	60	40	30	25	20
3e	75	60	45	30	25	20	15
4e	50	40	30	20	15	10	8
5e	40	32	24	16	10	8	5
6e	30	24	18	12	8	5	4
7e	20	16	12	8	5	4	3

TABLE ALPHABÉTIQUE

Du classement des diverses espèces de Commerces,
Industries, Arts et Professions.

États et professions.	Classes.

A

Accouchement (Professeur d') dans les hospices, exempt.	
Accoucheur (comme officier de santé.)	4
Acier (Marchand d') { en gros.	1
{ en détail.	4
Affineur (comme essayeur.)	2
Agence ou bureau d'affaires. (Directeur d')	1
Agent de change.	1
Agraffes (Fabricant d'), seul et sans ouvriers.	7
Agraffes. (Fabricant entrepreneur d')	2
Allumettes. (Marchand d')	7
Ambulance. Voyez *Vendeur en ambulance.*	
Amidonnier.	3
Amusemens publics. Voyez *Directeurs de spectacles.*	
Animaux. (Individu traitant les maladies des.)	6
Apothicaire.	2
Appareilleur de bâtiment.	6
Apprêteur d'étoffes.	4
Apprêteur de bas.	6
Architecte.	2
Ardoises. (Marchand d')	5
Argenteur.	6
Armateur.	1
Armurier.	4
Armurier rhabilleur (comme fourbisseur.)	7
Arpenteur.	6
Arpenteur-Architecte.	2

États et professions.	Classes.
Arpenteur faisant des opérations d'architecte, soit en entreprenant des constructions, soit en réglant des mémoires d'ouvrages.	2
Artificier.	2
Artisan. Voyez *Ouvrier.*	
Artistes vétérinaires, autres que ceux nommés par le Gouvernement.	4
Associé. (Chaque associé d'une même maison de banque, de commerce ou de toute autre profession, est tenu d'avoir une patente.)	
Associé. (en commandite, non sujet à patente.)	
Aubergiste.	3
Avoué. (Non sujet à patente.)	

B

Bacs sur les fleuves et rivières. (Détenteur, fermier ou entrepreneur de.)	3
Bains publics.	4
Balancier.	7
Balais. (Marchand de)	7
Bancs ou étaux. Voyez *Vendeur en ambulance.*	
Bandagiste.	5
Banquier. (Sans égard à la population, 500 fr. de droit fixe.)	
Baraques. Voyez *Vendeur en ambulance.*	
Baromètres. (Marchand de)	5
Barques. (Constructeur de) bateaux et batelets.	5
Bas. (Fouleur de)	4
Bas. (Marchand de)	4
Bas. (Fabricant de) sans ouvriers.	6
Bas. (Fabricant de) qui emploie jusqu'à cinq métiers.	5
Bas. (Fabricant de) qui emploie plus de cinq métiers.	3
Bateaux. (Constructeur de)	5
Bateaux de blanchisseuses. (Propriétaire ou locataire de)	5
Batelier (qui traverse la rivière avec un batelet pour donner passage.)	7

sses.	États et professions.	Classes.
2	*Boutons.* (Fabricant de) sans ouvriers, et ne vendant que le bouton de sa fabrique.	6
7	*Bouvier* pour le transport des marchandises.	7
5	*Bouvier* (qui achète des bestiaux pour les engraisser et les revendre.)	3
5	*Boyaudier.*	5
5	*Brasseur.*	2
3	*Brioleur* (qui transporte sur des bêtes de somme, des bois appartenant à d'autres particuliers)	7
5	*Briques.* (Marchand de)	5
7	*Briques.* (Fabriquant de)	4
2	*Brocanteur.* (sans magasin ni boutique.)	6
3	*Brocanteur.* (tenant magasin ou boutique.)	1
7	*Brodeur.*	7
6	*Brodeur.* (Marchand.)	6
4	*Brossier.*	5
4	*Bûcheron.* Voyez *Scieur de long.*	
5	*Bureau* d'affaires. (Directeur de)	1
1	*Bureaux* d'indication. (Directeur de)	1
1	**C**	
4	*Cabaretier.*	5
1	*Cabinets littéraires.* (Directeur de)	4
4	*Cabotage.* (Propriétaire des bâtimens faisant le)	3
6	*Cafetier.* (comme limonadier)	3
4	*Cafetier* revendeur.	6
3	*Cages* et souricières en boutique. (Marchand de)	7
7 3	*Cages* et souricières en ambulance (ne doit que la moitié du droit fixe de l'article précédent.)	
5	*Cannes.* (Marchand de)	5
5	*Cardeur* de laine et de coton, (exempt.)	
6	*Cardier.* (Fabricant de cardes) comme laneur.	6
5	*Carrioleur* (comme conducteur de voitures.)	7
6	*Carrossier.*	3
4	*Carreleur.*	6

États et professions.	Classes.
Carrier. (Propriétaire ou fermier de carrières.)	6
Cartes de géographie. (Marchand de)	5
Cartier. (Marchand)	5
Cartonnier. (Marchand)	5
Ceinturonnier.	7
Cendres. (Laveur de)	5
Cerclier (comme tonnellier.)	6
Chamoiseur (comme mégissier).	5
Chandelier.	5
Chandelier en gros.	1
Change. Voyez *Agent de change et Courtier.*	1
Chanvre (Marchand de) { en gros.	1
en détail.	5
Chanvrier. (Fabricant de chanvre, non sujet à patente.)	
Chapeaux. (Marchand de vieux)	6
Chapelier.	4
Charbon de terre en gros. (Marchand de)	1
Charbonnier (Marchand de toute espèce de charbon en détail.)	7
Charpentier, ayant des compagnons.	5
Charpentier, travaillant seul pour son compte.	6
Charcutier.	5
Charron.	5
Chaudronnier.	6
Chaudronnier ambulant, moitié du droit fixe de l'art. précédent.	
Chaufournier, (qui fabrique la chaux et la vend.)	6
Chaussées et routes. (Entrepreneur de)	5
Chaux. (Marchand de)	5
Chevaux et autres bêtes de somme. (Marchand de)	5
Chevaux. (Loueur de)	4
Cheveux. (Marchand de)	5
Chiffonnier en gros.	1
Chiffons. (Marchand sous échoppe.)	6
Chocolat. (Marchand de)	5

sses.	États et professions.	Classes.
6	Cidre. (Marchand de) { en gros.	1
5	{ en détail.	7
5	Cimentier.	5
5	Cire. (Marchand de)	5
7	Cire brute (Marchand de), non cultivateur , comme cirier.	5
5	Cirier.	3
6	Ciseleur.	6
5	Clincaillier. Voyez Quincaillier.	
5	Cloutier.	7
1	Cochons. (Marchand de)	3
1	Coiffeur de femmes.	4
1	Coffretier , malletier.	6
5	Colle. (Fabricant de)	6
6	Colporteur avec balle , soit qu'il ait domicile ou non , sans égard à la population , 20 fr.	
4	Colporteur avec chevaux ou autres bêtes de somme , sans	
1	égard à la population , 3o fr.	
-	Comestibles. (Marchand de)	3
7	Comestibles. (Menus.) Voyez *Fruitier et vendeur en ambulance de menus comestibles.*	
5		
6	Commis à gages. (non sujet à patente.)	
5	Commissaire priseur.	3
5	Commissionnaire de marchandises.	1
6	Commissionnaire de farine.	1
t.	Conducteur de voiture pour le transport des voyageurs.	7
6	Confiseur.	2
5	Constructeur de barques , bateaux et batelets.	5
5	Constructeur de navires.	2
5	Coquetier qui vend des œufs { en gros.	1
4	{ en détail.	6
5	Cordes et cordages. (Marchand de)	5
1	Cordier.	6
6	Cordonnier. (Marchand)	3
5	Cordonnier à façon.	7

États et professions.	Classes
Corroyeur.	3
Coton (Marchand de) { en gros. / en détail.	1 / 5
Coton cardé. (Marchand de)	6
Couleurs. (Marchand de)	4
Courtier de change.	1
Courtier de navires et de marchandises, sans égard à la population, 200 fr. de droit fixe.	
Coûteaux. (Repasseur de)	6
Coûteaux (Marchand de) en ambulance, moitié du droit fixe de l'art. suivant.	
Coûtelier. Marchand de coûteaux.	4
Couturière.	7
Couturière travaillant chez d'autres. Exempte.	
Couvertures de soie, coton ou laine. (Fabricant de)	4
Couvreur, s'il a des compagnons.	4
Couvreur, travaillant seul pour son compte.	6
Crémier.	6
Crins (Marchand de) { en gros. / en détail.	1 / 3
Cristaux et porcelaines. (Marchand de)	4
Cuirs et peaux (Marchand de) { en gros. / en détail.	1 / 4
Culottier qui vend des culottes, comme marchand tailleur.	3
Culottier qui façonne la culotte, comme tailleur d'habits.	7
Cultivateur. (Exempt de patente pour la vente des fruits provenant de son exploitation et pour le bétail qu'il élève.)	
Curiosités. (Marchand de)	4

D

Déchireur de bateaux.	3
Décorateur.	6
Dégraisseur.	6
Départeur, comme essayeur.	2
Dentelles. (Marchand de) { en gros. / en détail.	1 / 3

États et professions.	Classes.
Dentiste.	4
Directeurs de spectacles. Une représentation complette.	
Distillateur.	2
Distillateur d'eau forte.	6
Doreur.	6
Drapier { en gros.	1
en détail.	2
Drogueries (Marchand de) { en gros.	1
en détail.	5

E

États et professions.	Classes.
Eau-de-vie (Fabriquant d')	5
Eaux-de-vie (Vendeur d') { en gros.	1
en détail.	7
Eau forte. (Marchand d')	6
Eaux minérales. (Marchand d')	6
Eaux minérales. (Fabricant d')	4
Ébéniste.	4
Échoppes. Voyez Vendeur en ambulance.	
Écorces. (Marchand d')	4
Émailleur.	6
Encan. (Directeur d'établissemens de vente à l')	1
Enjoliveur. (Marchand)	5
Enjoliveur à façon.	6
Entrepreneur de bacs.	5
Entrepreneur de bâtimens.	2
Entrepreneur de pavés.	5
Entrepreneur pour le compte du Gouvernement.	1
Entrepreneur de roulage. Voyez Roulage. 200 fr.	
Entrepreneur de voitures publiques, par terre, par eau. Voyez Voitures publiques. 200 fr.	
Entrepreneur de vidanges.	5
Éperonnier.	4
Épicier. { en gros.	1
en détail.	4

États et professions.	Classes
Épinglier.	7
Essayeur.	2
Estampes (Marchand d') en boutique.	4
Estampes. (sous échoppes) moitié du droit fixe de l'article précédent.	
Étalage. Voyez *Vendeur en ambulance.*	
Étapier. (Entrepreneur pour son compte personnel.)	1
Étapier. (Régisseur pour le Gouvernement, non sujet à patente.)	
Étaux. Voyez *Vendeur en ambulance.*	
Étoffes. (Apprêteur d')	4
Étoffes de coton (Marchand d') { en gros.	1
{ en détail.	2
Étoffes de soie (Marchand d') { en gros.	1
{ en détail.	2
Éventailliste.	5

F

Fabricant de fontaines de grès et fourneaux.	6
Fabricant à métier pour son compte.	6
Fabricant qui n'occupe pas plus de cinq métiers.	5
Fabricant de colle.	6
Fabricant de porte-feuilles.	7
Facteur à la halle.	2
Facteur d'instrumens. Voyez *Instrumens.*	5
Faïencier. (Marchand de faïence en boutique.)	4
Faïencier en ambulance ou sous échoppe, moitié du droit du marchand en boutique.	
Faiseur et monteur de boîtes, ne fournissant que la main-d'œuvre.	6
Faiseur et monteur de boîtes, fournissant la matière.	2
Farines (Marchand de) { en gros.	5
{ en détail.	6
Fer. (Marchand de) { en gros	1
{ en détail.	4
Férailleur.	7
Férailleur (sous échoppe), moitié de l'article précédent.	

État et professions.	Classes.
Ferblantier.	5
Fermier. Voyez *Cultivateur.*	
Fermier de bac. Voyez *Bacs.*	
Filasse, chanvre et lin. (Marchand de)	5
Filets à pêcher. (Marchand de)	5
Fileur de laine et coton. Exempt de patente.	
Filoselle (Marchand de), comme marchand de fil en détail.	3
Fils. (Marchand de) { en gros.	1
{ en détail.	3
Fleurs artificielles. (Marchand de)	4
Fonctionnaire public. (exempt en ce qui concerne ses fonctions.)	
Fondeur.	6
Fondeur de suifs.	6
Fontainier.	7
Forain. Voyez *Marchand forain.*	
Forges. (Maître de)	3
Forgeur (comme taillandier.)	4
Formier. (Ouvrier qui fait des formes de souliers.)	7
Fouleur de bas.	4
Foulonier. (qui foule les draps par le moyen de moulins à bras ou à eau.)	4
Fourbisseur.	6
Fournier. (celui qui met le pain dans le four à lui appartenant.)	5
Fournisseur pour le Gouvernement.	1
Fourrages. (Marchand de)	6
Fourreur. (Marchand)	3
Frangier.	5
Fripier.	4
Friseur de laine.	6
Fromages. (Marchand de) en boutique.	6
Fruitier. (en boutique.)	6
Fruitier. (vendeur de fruits en ambulance dans les rues, lieux de passage et marchés, exempt de patente.)	
Fumiste.	5

Deuxième Partie.

États et professions.   Classes.

G

Gaînier.	7
Galochier.	7
Galonnier.	5
Gantier.	4
Gargottier.	6
Gaufrier. (en boutique.) Voyez *Comestibles*.	3
Gaze. (Marchand de) { en gros.	1
{ en détail.	3
Gibier et volailles. (Marchand de)	6
Glaces. (Marchand de)	6
Glands. (Marchand de)	6
Grainier.	6
Grains (Marchand de), autres que ceux de sa récolte.	5
Graissier.	3
Graveur (ne vendant que le produit de son art, exempt de patente.)	
Graveur snr métaux.	7
Gravures. (Marchand de)	5
Groueur d'orge (comme meunier)	5
Guillocheur.	6
Guimpier. (Marchand)	6
Guimpier. (Ouvrier)	6

H

Habits vieux (Marchand d'), en ambulance.	6
Harnois de luxe. (Fabricant de), comme sellier.	4
Harnois de labour (Fabricant de), comme bourrelier.	5
Herbager (qui engraisse des bestiaux pour les vendre ensuite.)	3
Herboriste.	6
Hongreur, qui, en même temps , est maréchal-ferrant.	6
Hongroyeur.	3
Horloger.	2
Horloger. (Marchand ou restaurateur d'horloges, non fabricant.)	3

États et professions.	Classes.
Horloger en bois.	7
Hôtel garni. (Maître d')	3
Et pour droit proportionnel, le 40ᵉ du prix total de la location.	
Huile. (Propriétaire de moulins à) Voyez *Moulins*.	
Huiles. (Fabricant et marchand d')	3
Huissier.	3
Huissier priseur. Voyez *Commissaire* priseur.	
Huîtres. (Marchand d')	7

I

Images (Marchand d'), en boutique ou autrement.	4
Imprimeur.	2
Imprimeur d'indiennes.	6
Imprimeur en taille-douce.	6
Indiennes. (Manufacture d')	
Ingénieur des ponts et chaussées, s'il ne travaille que pour le Gouvernement, exempt de patente.	
Intéressé dans une société. Voyez *Associé*.	
Instrumens de physique, d'astronomie et de mathématiques. (Facteur d')	5

J

Jardinier Voyez *Cultivateur*.	
Jaugeur, (peseur de liqueurs.)	3
Joaillier.	2
Jouets d'enfans. (Marchand de)	7

L

Laboureur. Voyez *Cultivateur*.	
Laine. (Marchand de) { en gros.	1
en détail.	5
Lamier.	6
Laneur qui frise les étoffes.	6
Lapidaire.	2
Lattes. (Marchand de)	5

États et professions.	Classes
Laveur de cendres.	6
Layetier.	5
Levures. (Marchand de)	5
Libraire.	4
Limonadier.	5
Lin , chanvre et filasse. (Marchand de)	5
Linge sous échoppe. (Marchand de)	6
Lingère.	5
Linons. (Marchand de) { en gros.	1
en détail.	5
Liqueurs. (Marchand de) { en gros.	1
en détail.	5
Livres (Marchand de) sous échoppe, moitié du droit de la 4ᵉ classe.	
Locataire. (Principal) Voyez *Propriétaire.*	
Logeur	6
Loueur de chevaux et de voitures suspendues.	4
Lunetier.	5
Luthier.	5

M

Macaronis et autres pâtes de même nature. (Marchand de)	5
Machiniste.	4
Maçon. S'il a des compagnons, comme entrepreneur de bâtimens.	2
Maçon , travaillant seul pour son compte.	6
Magnier ou raccommodeur de chaudrons, comme chaudronnier.	6
Maître à danser, donnant bal. (Une recette de bal.)	
Maître à danser, ne donnant point bal, exempt.	
Malletier , coffretier.	6
Manchonnier.	5
Manufacturier en métaux.	5
Maquignon ou courtier de chevaux.	6
Marbrier.	6

États et professions.	Classes.
Marchand en gros (de toute espèce de marchandises, excepté les grains et les farines.)	1
Marchand forain avec voiture , 40 fr. (sans égard à la population.)	
Marchande à la toilette.	6
Maréchal ferrant ou expert.	6
Marinier (qui achète et transporte par eau des marchandises qu'il revend en gros.)	1
Marinier en chef.	5
Marrons (Marchand de) en boutique.	6
Matelassier, qui s'occupe seul à faire des matelas.	7
Matériaux. (Marchand de)	5
Mécanicien. (Comme menuisier et facteur d'instrumens.)	5
Médecin.	4
Mégissier.	5
Menuisier.	5
Mercier. (Marchand) { en gros. / en détail.	1 / 3
Mercier (sous échoppe,) moitié de celui qui est en boutique.	
Mesureur de grains, non payé par la police, ni fermier du droit de mesurage.	4
Mesureur de sel.	4
Mesureur d'étoffes.	4
Mesureur de toile.	4
Métaux. (Marchand de) Voyez *Fer*. (Marchand de)	
Metteur en œuvre.	6
Meubles. (Marchand de)	4
Meubles vieux en étalage. (Marchand de)	6
Meûnier.	5
Et pour droit proportionnel, le 3o^e de la valeur locative.	
Mineur. Entrepreneur de mines.	1
Mineur, (ouvrier) exempt.	
Miroitier.	5
Modes. (Marchand de)	4

États et professions.	Classes.

Moulin (Les propriétaires qui emploient leur) à faire de l'huile pour autrui, ou à moudre des grains et à pressurer des fruits qu'ils achètent et dont ils font commerce. — 5
— Ceux dont le moulin ne sert qu'à pressurer les fruits de leur récolte, sont exempts.

Moulinier en soie avec fabrique. — 1

Moulinier en soie, occupant plus de cinq metiers. — 2

Moulinier en soie, occupant jusqu'à cinq métiers inclusivement. — 5

Moulinier en soie, travaillant seul et sans ouvriers. — 6

Moulinier. Voyez *Ouvriers.*

Mousselines. (Marchand de) { en gros. — 1 / en détail. — 2 }

Mousselines sous échoppe (Marchand de,) moitié du droit précédent.

Moutardier. — 6

Munitionnaire du Gouvernement. — 1

Musique et cartes de géographie. (Marchand de) — 5

Musquinier, (qui fabrique des toiles fines avec du lin.) — 7

N

Nattier. — 6

Naturaliste. (Marchand) — 4

Navires. (Marchand de) — 3

Navires. (Constructeur de) — 2

Navires. (Courtier de) sans égard à la population, 200 fr.

Négociant. — 1

Notaire. (Exempt.)

Nourrisseur de bestiaux. Voyez *Cultivateur* et *herbager.*

O

Oculiste, (comme officier de santé.) — 4

Officier de santé. — 4

Officier de santé attaché aux armées, aux hôpitaux, au service des pauvres, par nomination du Gouvernement ou des autorités constituées, exempt.

États et professions. Classes.

OEuf. Voyez *Fruitier* et *Vendeur en ambulance.*

Oiseleur. 6

Opticien. 5

Oranges. (Marchand d') en boutique. 6
    En ambulance ou échoppe , moitié du droit précédent.

Orfèvre. 2

Orfèvre. (Marchand ou restaurateur d'orfévreries non fabri-
    cant.) 3

Ouvriers (travaillant chez autrui et pour le compte de ceux
    qui les emploient, non sujets à patente.)

Ouvriers (travaillant chez eux pour autrui, doivent être
    pourvus de la patente de la 6ᵉ classe ou de celle de leur
    profession , désignée au tarif.)

Ovaliste. 6

P

Pailles teintes. (Marchand de) 6

Pain d'épice (Marchand en boutique.) 7

Pannetier. (vendant sous échoppe, sans four ni boutique ,
    comme revendeur.) 6

Pantalonnier. 7

Pantoufles (Marchand de), ne vendant point de souliers
    en boutique. 3

Papier à écrire. (Fabricant de) 2

Papier à écrire. (Marchand de) 3

Papier peint. (Fabricant de) 3

Papier peint. (Marchand de) 4

Parasols. (Marchand de) en boutique 4

Parasols (Marchand ambulant), moitié du précédent.

Parcheminier. 6

Parfumeur. 7

Passementier. 4

Patachier. (Constructeur de pataches.) 7

Pâtes de toute nature. (Marchand de) 5

Patinier. (Marchand de patins.) 3

États et professions.	Classes
Patinier. (ouvrier)	7
Pâtissier.	5
Paumier.	5

Et pour le droit proportionnel, le 20ᵉ du prix total de sa location.

Peaux (Marchand de)	{	en gros.	1
	{	en détail.	4

Peaux pour l'armement et l'habillement. (Marchand de)	6
Pêcheur. (Exempt de patente.)	
Peignes. (Fabricant de), qui emploie des ouvriers.	4
Peignes. (ouvrier qui fabrique des)	6
Peintre. (Comme artiste, non sujet à patente.)	
Peintre en bâtimens.	7
Peintre vernisseur.	6
Pelles. (Marchand de)	7
Pelletier. (Marchand) comme fourreur.	5
Perruquier.	7
Perruquier. (Coiffeur de femmes.)	4
Peseur juré.	5
Pharmacien.	2
Piquonnier (qui revend des laines de rebut après la fabrication.)	6
Planches. (Marchand de)	4
Planeur.	6
Plâtre. (Marchand de)	5
Plâtrier.	6
Plieur de soie.	6
Plieur. (Marchand)	2
Plombier.	4
Plumassier. (Plumes peintes.)	4
Plumes. (Marchand de) en boutique.	5
Poëlier.	5

Pointes de Paris. (Fabricant de)	{	ouvrier.	7
	{	magasinier.	6

Poissons en bateau. (Marchand de)	5

États et professions.	Classes.
Poissons frais et salés. (Marchand de)	7
Poix. (Grande fabrique de)	4
Poix. (Fabricant de) pour son compte.	6
Polisseur.	6
Pompier.	7
Ponts et chaussées. (Ingénieur des) Exempt , s'il travaille pour le Gouvernement; s'il entreprend pour particuliers, comme les architectes.	2
Porcelaines. (Marchand de)	4
Porteur de contraintes. (Exempt.)	
Poste aux chevaux. (Maître de) non sujet à patente.	
Potasse. Voyez *Salins* et *Potasse.* (Marchand de)	6
Potier de terre, qui est en même temps faïencier.	4
Potier de terre, vendeur ou fabricant.	6
Potier en ambulance, (moitié du droit précédent.)	
Potier d'étain.	6
Poudre à tirer. (Marchand de)	5
Présurier. (Marchand de présure pour cailler le lait.)	6
Prêteur sur gages.	1

Q

Quincaillier	{	en gros.	1
	{	en détail.	4

R

États et professions.	Classes.
Rafineur de sucre.	1
Relieur.	7
Repasseuse. Comme *Blanchisseuse.* (Exempte.)	
Résine. (Marchand de)	5
Restaurateur , traiteur.	2
Revendeur.	6
Réverbères. (entrepreneur de) pour son compte.	1
Réverbères. (entrepreneur de) pour le compte des villes.	5
Rotier. (Fabricant de petits instrumens en bois.)	7
Rôtisseur.	3
Rouge. (Marchand de)	4

États et professions.		Classes
Roulage. (commissionnaire ou entrepreneur de,) 200 f., sans égard à la population.		
Routes. Voyez *Chaussées* et *Routes.* (entrepreneur de)		
Rubannier.		6
Rubans. (Marchand de)		5

S

Sabotier. (Marchand)	7
Sabots. (Fabricant de)	6
Sacs. (Loueur de)	6
Sage-femme, non sujette à patente.	
Salines. (propriétaire de) Exempt.	
Salinier. (s'il est entrepreneur.)	1
Salinier. (s'il est ouvrier pour le compte d'autrui, exempt.)	
Salins et potasse. (Marchand de)	6
Salpêtrier. (Fabricant de salpêtre.)	5
Salpêtrier. (Préposé de la régie des poudres et salpêtres, non sujet à patente.)	
Savetier, non sujet à patente.	
Sculpteur. (Comme artiste, ne vendant que le produit de son art, non sujet à patente.)	
Sculptures. (Marchand de)	5
Sel. (Marchand de) en gros, en bateaux ou magasin.	1
— En détail.	7
Sel. (Mesureur de)	4
Sellier.	4
Sémouille. (Marchand de)	5
Serrurier.	4
Serrurier mécanicien.	4
Soierie. (Marchand de) { en gros.	1
{ en détail.	2
Spectacles. Voyez *Directeurs de spectacles.*	
Suifs. (Marchand de)	5

T

Tableaux et gravures (Marchand de), en boutique.	5

scs.	États et professions.	Classes.
	Tableaux. (Restaurateur de)	6
	Tabletier.	5
	Tacquier. (comme cloutier)	7
6	*Taillandier.*	4
5	*Tailleur.* (Marchand)	3
	Tailleur d'habits.	7
7	*Tailleur* de pierre.	7
6	*Tamis.* (Marchand de)	5
6	*Tan.* (Marchand de)	4
	Tanneur , (qui fait en gros le commerce des cuirs qu'il n'a point tannés.)	1
1	*Tanneur ,* (qui tanne le cuir qu'on lui apporte.)	3
	Tapissier.	3
6	*Teinture.* (Marchand de)	3
5	*Teinturier.*	6
	Terraille. (Marchand de) comme revendeur.	6
	Tireur d'or.	5
	Tisserand.	7
	Toiles (Marchand de) sous échoppe.	3
	Toiles et autres étoffes. (Mesureur de)	4
5	*Toilier.* (Marchand) { en gros.	1
1	en détail.	2
7	*Toiseur.*	6
4	*Toisons.* (Fabricant de)	1
4	*Toisons.* (Marchand de)	3
5	*Tondeur ,* friseur de laine.	6
4	*Tonnellier.*	6
4	*Tourbe.* (Marchand de)	4
1	*Tourbe.* (Extracteur de) Exempt.	
2	*Tourneur* en bois.	7
	Tourneur sur métaux et au métier.	5
5	*Traçons.* (Maître de) Voyez *Mesureur de sel.*	4
	Traiteur , restaurateur.	2
5	*Treillageur ,* boissellier.	6

États et professions.	Classes.

Tripier, non sujet à patente.

Trouilleur d'huile. Voyez *Moulin.*

Tuiles. (Marchand de) 5

Tuilier, (qui fabrique des tuiles.) 4

V

Vannier. 6

Vendeur en ambulance dans les rues , dans les lieux de passage et dans les marchés, de fruits, légumes, beurre, œufs, fromage et autres menus comestibles, exempt de patente.

Vendeur en ambulance , échoppe ou étalage d'autres objets que ceux désignés dans l'article précédent, doit moitié des droits fixes et proportionnels que payent ceux qui vendent en boutique.

Vérificateur de bâtimens. 6

Vermicelle. (Marchand de) 5

Verres et verroterie. (Marchand de) 4

Verres et verroterie en ambulance, étalage, et sous échoppe, moitié du précédent.

Vétérinaire. (Artiste) 4

Vidangeur. 5

Vin et vinaigre (Marchand de) { en gros. 1 / en détail. 3

Vitrier. 7

Voilier. 6

Voitures publiques par terre et par eau, sans égard à la population, 200 fr. pour le droit fixe.

Voitures suspendues. (Loueur de) 4

Voiturier pour le transport des marchandises et du voyageur. 7

Volaille et gibier. (Marchand de) 6

MODÈLE

MODÈLE DE LA PATENTE.

PATENTE.

DÉPARTEMENT
d . . . . .

ARRONDISSEM.
d . . . . .

COMMUNE
d . . . . .

MAIRIE d

Population . . . . . . habitans.

Nous, maire de la commune d
département d   sur la déclaration
faite par   ayant son principal domicile
dans cette commune, qu'il veut exercer (*on indique
le commerce, l'industrie, l'art ou la profession*)
et sur la représentation de la quittance à lui délivrée
par le percepteur des contributions directes, de laquelle il résulte qu'il a payé le douzième échu du
droit de patente, lui avons délivré la présente patente, au moyen de laquelle il pourra exercer pendant l'an   la profession de   sans
trouble ni empêchement, en se conformant aux lois
et aux réglemens de police.

Et   a signé sur la présente. (*Si le
requérant ne sait pas signer, on en fait mention.*)

Fait à   le

Sceau de la
mairie.

Signature du
requérant.

Signature du
maire.

SECTION II.

PRINCIPES DE LA RÉPARTITION GÉNÉRALE.

186. — Le gouvernement propose l'impôt.

L'impôt est consenti par les deux chambres et sanctionné par le Roi.

Les conseils généraux de département, les répartissent entre les arrondissemens, les conseils d'arrondissement entre les communes, les communes entre les contribuables.

Cette dernière répartition se fait d'après des matrices de rôles rédigées par les contrôleurs des contributions avec les maires et les répartiteurs, d'après des rôles expédiés par le directeur des contributions, arrêtés et rendus exécutoires par le préfet.

Obligation imposée aux conseils de département
et d'arrondissement.

187. — Les conseils généraux de département et les conseils d'arrondissement ne peuvent, sous prétexte de surcharge et de demande en réduction formée ou à former, se dispenser de répartir dans les délais prescrits le contingent assigné à leurs départemens et arrondissemens, à peine contre les membres de ces administrations de destitution de leurs places (*Loi du 2 messidor an 7 — 20 juin 1798, art. 12.*)

Obligation imposée aux maires.

188. — Les maires des communes de 5,000 habitans et au-dessus ne peuvent à peine de responsabilité solidaire, même de contrainte, pour le premier terme des contributions assignées à leur commune en principal et centimes additionels, se dispenser sous aucun prétexte de publier le mandement portant fixation du montant de ces contributions, dans les cinq jours après qu'il leur sera parvenu. (*Ibid., art. 13 et 14.*)

Obligation imposée aux répartiteurs.

189. — Les répartiteurs des communes ne peuvent aussi, sous prétexte de surcharge et de demande en réduction, ou pour tout autre motif, se dispenser de faire chaque année les opérations qui leur sont attribuées par la loi du 3 frimaire an 7 — 23 novembre 1798, à peine de responsabilité solidaire et même de contrainte pour le paiement de tous les termes de la contribution foncière assignée à leur commune, dont le recouvrement se trouverait en retard par l'effet de la non-exécution de ces opérations dans les délais prescrits. (*Loi du 2 messidor an 7 — 20 juin 1798, art. 15.*)

RÉPARTITION DE LA CONTRIBUTION FONCIÈRE.

Répartition entre les arrondissemens.

190. — Le conseil général du département répartit le contingent assigné au département entre chaque arrondissement, d'après le revenu net imposable de toutes les natures de propriétés que son territoire renferme.

Répartition entre les communes.

191. Chaque conseil d'arrondissement répartit son contingent entre les communes de son ressort d'après le revenu net imposable de leurs territoires respectifs.

Répartition entre les contribuables.

192. — La répartition du contingent des communes entre les contribuables se fait d'après un rôle qui lui-même, ne s'expédie que sur une matrice dans laquelle chaque propriétaire est porté pour le revenu net imposable de ses propriétés.

RÉPARTITION DE LA CONTRIBUTION PERSONNELLE ET MOBILIÈRE.

Fixation du prix de la journée de travail.

193. — Pour opérer la répartition de la contribution personnelle et mobilière, le préfet détermine le prix moyen de la

journée de travail, et ce prix moyen dans chaque arrondissement ne peut être au-dessous de 5o centimes, ni au-dessus de 1 franc 5o centimes. (*Loi du 2 messidor an 7—20 juin 1798, art. 4 et 5.*)

Répartition entre les arrondissemens.

194. — Le prix de la journée de travail étant fixé, le conseil général du département règle sur cette base la contribution personnelle de chaque arrondissement.

Le contingent de chaque arrondissement dans la contribution personnelle est la somme que produit le prix de trois journées de travail dans l'arrondissement, multiplié par le sixième de la population du même arrondissement.

La somme totale de la contribution personnelle du département étant connue, il en est fait distraction sur le contingent attribué par la loi au département. Le restant est réparti en contribution mobilière entre les arrondissemens, savoir : un tiers à raison de la population, et les deux autres tiers à raison de la somme des patentes de chaque arrondissement.

Ainsi si le prix de trois journées de travail d'un arrondissement est de . . . . 3 f.
et si le sixième de la population de cet arrondissement est de . . . . 2,000 fr.
en multipliant 3 francs par 2,000 on a 6,000 francs.

Cette dernière somme est le contingent de cet arrondissement en contribution personnelle.

On répète ce calcul pour chaque arrondissement, et s'il en résulte qu'un département dont le contingent personnel et mobilier est de . . . . 112,000 f.
a réparti en contribution personnelle . . . . 50,000 f.
il lui reste à répartir en contribution mobilière . . . 62,000 f.

Le conseil général répartit alors cette dernière somme entre chaque arrondissement, savoir : un tiers à raison de sa population, et les deux autres tiers à raison de la somme de ses patentes.

Le conseil général réunit ensuite pour chaque arrondissement son contingent personnel et mobilier, et le résultat de cette opération doit donner une somme égale au contingent assigné au département. (*Inst. min.*)

Répartition entre les communes.

195. — Chaque conseil d'arrondissement fait entre les communes de son ressort la répartition de son contingent personnel et mobilier.

A cet effet il prend le prix de trois journées de travail, fixé pour l'arrondissement, et le multiplie par le sixième de la population de chaque commune ; le résultat est le contingent des communes pour la contribution personnelle.

La somme totale de la contribution personnelle étant connue, le conseil en fait distraction sur le contingent qui lui est assigné. Le restant est réparti en contribution mobilière ; savoir : un tiers, à raison de la population de chaque commune, et les deux autres tiers, à raison du produit de ses patentes. (*Loi du 3 nivôse an 7 — 23 décembre 1798, art. 10, 11 et 12.*)

Expédition des rôles.

196. — La répartition du contingent assigné à une commune consiste dans l'expédition du rôle qui assigne la cote-part de chaque contribuable dans ce contingent. Mais une matrice est préalablement indispensable ; et pour mettre les répartiteurs à portée de la former, tout individu demeurant dans la commune est tenu de faire au maire, par lui-même, ou par son fondé de pouvoir, une déclaration qui indique,

1° Ses nom et prénoms ;

2° Son domicile ;

3° La valeur du loyer de son habitation personnelle ;

4° S'il est célibataire, marié ou veuf. (*Ibid., art. 17.*)

Rectification des déclarations.

197. — Le maire et les répartiteurs procèdent à l'examen des déclarations, suppléent à celles qui n'ont pas été faites, ou qu'ils jugent inexactes d'après leurs connaissances locales et les preuves qu'ils ont pu se procurer. (*Ibid., art. 18.*)

Confection de la matrice.

198. — Ils procèdent ensuite à la confection de la matrice, dans laquelle ils doivent porter :

1.º Chaque habitant de tout sexe, domicilié dans la commune depuis un an ;

2.º Le prix de trois journées de travail dans la commune ;

3.º Les loyers d'habitation. (*Loi du 3 nivôse an 7 — 23 décemb. 1798, art. 20, et Inst. min.*)

Répartition de la Contribution des Portes et Fenêtres entre les arrondissemens.

199. — Le contingent assigné à chaque département pour la contribution des portes et fenêtres, est réparti par le préfet entre les arrondissemens. (*Loi du 13 floréal an 10 — 3 mai 1802, art. 17.*)

Mode de cette répartition.

200. — La répartition se fait d'après le nombre des portes et fenêtres imposables trouvées par le recensement.

Si, après avoir appliqué le tarif de la loi aux portes et fenêtres de chaque classe, il en résulte une somme supérieure au contingent, le tarif sera proportionnellement diminué ; dans le cas contraire, il sera augmenté proportionnellement. (*Instr. min. du 20 floréal an 10 — 10 mai 1802.*)

Répartition entre les communes.

201. — Le sous-préfet répartit entre les communes le contingent assigné à son arrondissement. (*Loi du 13 floréal an 10 — 3 mai 1802, art. 18.*)

Répartition entre les contribuables.

202. — Chaque commune, pour arriver à la répartition de son contingent, doit former une matrice qui présente,

1.º Les noms et prénoms de chaque propriétaire de maison ;

2.º Le nombre des portes et fenêtres des rez-de-chaussées, entresols, premier et second étages ;

3.º Le nombre des fenêtres du troisième étage et au-dessus.

4° Le nombre des portes cochères, charretières, ou de magasins en gros. (*Instruct. minist. du 12 frimaire an 7 — 2 décembre 1798.*)

Le nombre des portes et fenêtres étant une fois déterminé par la matrice, la répartition du contingent de la commune entre les contribuables se fait par l'expédition du rôle. On additionne le nombre des portes et fenêtres de chaque classe ; on leur applique le tarif de la loi. S'il en résulte une somme supérieure au contingent, le tarif est proportionnellement diminué. Dans le cas contraire, il est augmenté ; et en appliquant ce tarif définitif aux portes et fenêtres, on obtient le contingent total assigné à la commune. (*Inst. min. du 20 floréal an 10 — 10 mai 1802.*)

SECTION III.

RÉPARTITION ANNUELLE DE L'IMPÔT.

*Convocation des conseils généraux de département
et des conseils d'arrondissement.*

203. — Chaque année, aussitôt que la loi sur les finances a été promulguée, les conseils généraux de département et d'arrondissement sont convoqués par une ordonnance du roi, à l'effet de répartir leur contingent pour la contribution foncière et pour la contribution personnelle et mobilière. (*Inst. min.*)

PREMIÈRE SESSION DES CONSEILS D'ARRONDISSEMENT.

204. — Dans une première session, chaque conseil d'arrondissement dresse le projet des dépenses variables de son arrondissement, et en envoie l'état au préfet, qui le transmet au conseil général du département. (*Inst. min.*)

*Répartition des contributions foncière, personnelle et mobilière
entre les arrondissemens.*

205. — Le conseil général du département, après avoir approuvé, ou modifié s'il y a lieu, ces dépenses, les réunit aux

dépenses variables du département, et répartit entre chaque arrondissement le contingent qu'il doit payer pour la contribution foncière et pour la contribution personnelle et mobilière.

Dans la fixation du contingent foncier de chaque arrondissement, le conseil général a égard à l'augmentation ou à la diminution du revenu résultant de l'augmentation ou diminution de territoire que les arrondissemens ont pu éprouver par suite de délimitation.

Lorsqu'il existe des cantons cadastrés, le contingent de chacune des communes qui en dépendent, doit, pour la contribution foncière, être établi conformément au résultat des opérations cadastrales.

Le conseil général remet au préfet le résultat de la répartition en deux tableaux, l'un pour la contribution foncière, et l'autre pour la contribution personnelle et mobilière. (*Inst. min.*)

Envoi des mandemens aux sous-préfets.

206.—Sur ces deux tableaux le préfet expédie à chaque sous-préfet deux mandemens qui lui font connaître le contingent de son arrondissement dans les deux contributions.

Le sous-préfet remet les deux mandemens au conseil d'arrondissement.

DEUXIÈME SESSION DES CONSEILS D'ARRONDISSEMENT.

Répartition des contributions foncière, personnelle et mobilière entre les communes.

207.—Dans une seconde session chaque conseil d'arrondissement répartit son contingent dans l'une et l'autre contribution entre les communes de son ressort, et envoie les deux tableaux de répartition au sous-préfet.

Envoi des mandemens aux maires.

208. — Sur ces tableaux le sous-préfet expédie deux mandemens, un pour chaque contribution, au maire de chaque commune, pour lui faire connaître son contingent. (*Inst. min.*)

Répartition de la Contribution des Portes et Fenêtres entre les arrondissemens.

209. — La répartition de la contribution des portes et fenêtres entre les arrondissemens est confiée au préfet. (*Inst. min.*)

Envoi des mandemens aux sous-préfets.

210. — Le préfet, après avoir assigné à chaque arrondissement la somme qu'il doit payer, envoie à chaque sous-préfet un mandement pour la répartir entre les communes. (*Inst. min.*)

Répartition entre les communes.

211. — Chaque sous-préfet répartit le contingent entre les communes de son arrondissement. (*Ibid.*)

Envoi des mandemens aux maires.

212. — Le sous-préfet envoie immédiatement à chaque maire un mandement qui lui fait connaître le contingent de sa commune. (*Ibid.*)

Envoi des tableaux de répartition.

213. — Les tableaux de la répartition entre les arrondissemens et les communes, de la contribution foncière, de la contribution personnelle et mobilière, et de la contribution des portes et fenêtres, sont adressés par le préfet,

Au ministre des finances,

Au directeur des contributions,

Au receveur général,

A chaque receveur particulier, pour tout ce qui concerne son arrondissement. (*Ibid.*)

Répartition entre les contribuables.

214. — A la répartition entre les communes, succède la répartition entre les contribuables.

Cette opération consiste à répartir le contingent de la commune entre chaque contribuable : pour la contribution foncière, d'après le revenu net imposable de ses propriétés ; pour la contribution des portes et fenêtres, d'après le nombre des portes et fenêtres que la maison de chaque propriétaire contient ; pour la contribution personnelle et mobilière, d'après les trois journées de travail et les loyers d'habitation. L'impôt des patentes est assis d'après le commerce qu'exerce chaque contribuable et le loyer, tant de son habitation personnelle que de ses magasins, ateliers et boutiques.

Cette matière imposable est déterminée dans des matrices sommaires qui reçoivent les changemens survenus d'une année à l'autre. (*Inst. min.*)

Confection des états de changemens.

215. — La confection des états de changemens est confiée aux répartiteurs et aux contrôleurs des contributions, pour le foncier, le personnel et le mobilier ; aux maires et aux contrôleurs, pour les portes et fenêtres et les patentes. (*Ibid.*)

Répartiteurs.

216. — Les répartiteurs sont nommés tous les ans. Ils sont au nombre de sept ; savoir, le maire, l'adjoint et cinq propriétaires, dont deux au moins non domiciliés dans la commune, s'il y en a de tels. (*Loi du 3 frimaire an 7 — 23 novembre 1798, art. 9 et 12.*)

Causes de refus.

217. — Les fonctions de répartiteurs ne peuvent être refusées que pour des causes légitimes, et ces causes sont :

1° Les infirmités graves et reconnues ou vérifiées, en la forme ordinaire, en cas de contestation ;

2° L'âge de soixante ans commencés ou plus ;

3° L'entreprise d'un voyage, ou d'affaires qui obligeraient à une longue absence du domicile ordinaire ;

4° L'exercice des fonctions administratives ou judiciaires, autres que celles d'assesseur de juge de paix ;

5° Le service militaire de terre ou de mer, ou autre service public ;

6° L'éloignement à plus de deux myriamètres de la commune. (*Ibid., art. 13, 14 et 15.*)

Répartiteur nommé dans plusieurs communes.

218. — Celui qui se trouve nommé répartiteur dans la même année, pour plusieurs communes, déclare son option au sous-préfet qui le remplace sur-le-champ. (*Loi du 3 frimaire an 7 — 23 novembre 1798, art. 16.*)

Délai pour envoyer les motifs de refus.

219. — Celui qui n'accepte point les fonctions de répartiteur, doit proposer au sous-préfet, par écrit, son refus motivé, dans les dix jours de l'avertissement qui lui a été donné de sa nomination. (*Ibid., art. 7.*)

Acceptation ou inadmission du refus.

220. — Si le refus se trouve fondé, le sous-préfet remplace sur-le-champ le refusant. Dans le cas contraire, il déclare que le refus n'est point admis, et que celui qui a refusé doit rester répartiteur. (*Ibid., art. 18.*)

Cas de citation devant le sous-préfet.

221. — Celui qui n'a point proposé de refus, ou dont le refus n'a pas été admis, et qui, étant ensuite convoqué, ne se réunit pas aux autres répartiteurs, est cité à comparaître devant le sous-préfet, à jour et heure fixes, en séance publique ; et, s'il s'y présente, le sous-préfet, en lui annonçant qu'il va faire mention de son refus sur ses registres, le remplace dans la même séance.

Extrait du procès-verbal est affiché sur papier libre et sans frais, dans la salle des séances et au secrétariat.

Si celui qui aura été cité devant le sous-préfet ne se présente point, il est remplacé en séance publique : extrait du procès-verbal est affiché sur papier timbré dans la salle des séances de la sous-préfecture, et à la principale porte extérieure de la maison commune. L'extrait du procès-verbal n'est point soumis à l'enregistrement. (*Ibid., art. 19 et 20.*)

Citation devant le juge de paix.

222. — Le répartiteur cité devant le sous-préfet ne se présentant point, est en outre cité par le sous-préfet devant le juge de paix où le sous-préfet se trouve. Il est condamné à une amende

de la valeur de trois journées de travail, et aux frais de l'affiche du procès-verbal, lesquels frais sont réglés à trois francs, non compris le papier timbré, et sont payés au secrétaire de la sous-préfecture, sans préjudice des frais légitimement faits devant le sous-préfet et de ceux de signification et mise à exécution du jugement, qu'il est pareillement tenu de payer. (*Loi du 3 frimaire an 7 — 23 novembre 1798, art. 21.*)

Remplacement temporaire d'un répartiteur.

223. — En cas d'empêchement temporaire survenu à un ou plusieurs répartiteurs, par maladie grave, par voyage nécessaire et inopiné, ou par un service public actuel, ils en donnent ou font donner avis au sous-préfet, qui peut les remplacer momentanément par d'autres propriétaires de la commune.

Ce remplacement ne peut avoir lieu qu'autant que le nombre des répartiteurs se trouve réduit à moins de cinq, ou que ceux d'entr'eux non domiciliés dans la commune sont à remplacer. Ceux-ci ne peuvent, dans aucun cas, lorsqu'ils n'excéderont pas le nombre de deux, être remplacés que par d'autres contribuables fonciers non domiciliés dans la commune, s'il y en a de tels. (*Ibid., art. 22.*)

Mode de délibération des répartiteurs.

224. — Les répartiteurs délibèrent en commun à la majorité des suffrages. Ils ne peuvent prendre aucune détermination, s'ils ne sont au nombre de cinq au moins présens. Ils sont convoqués par le maire ou par l'adjoint, et, à leur défaut, par le plus âgé des répartiteurs. (*Ibid., art. 25.*)

Choix, nomination et convocation des répartiteurs.

225. — Il n'est point nécessaire d'attendre la loi sur les finances, et de connaître les contingens à payer par chaque commune, pour procéder à la nomination des répartiteurs et à la formation des états de changemens ; c'est un travail préparatoire qu'on peut faire en tout temps et qu'il importe même de terminer de bonne heure, afin que rien n'arrête l'expédition des rôles au moment où elle peut commencer. (*Inst. min.*)

Dès les premiers jours de mars, les dispositions pour le choix et la nomination des répartiteurs peuvent se faire. Le préfet adresse une circulaire aux maires, pour qu'ils aient à envoyer une liste de cinq propriétaires les plus propres à remplir ces fonctions. Les cinq propriétaires doivent être choisis parmi les contribuables fonciers de la commune, dont deux domiciliés hors de ladite commune, s'il en existe.

Toutes les listes sont adressées, pour la fin de mars, au préfet pour l'arrondissement chef-lieu, et aux sous-préfets pour les autres arrondissemens.

Chaque maire reçoit une lettre portant désignation des répartiteurs, dont le préfet et les sous-préfets ont arrêté la nomination. Dès ce moment le maire convoque les répartiteurs pour la formation des états de changemens. (*Inst. min.*)

CONFECTION DES MATRICES ET DES RÔLES.

États de changemens pour le foncier.

226. — Pour les changemens à faire à la matrice foncière, les répartiteurs constatent les augmentations ou diminutions survenues dans le revenu des propriétaires par des acquisitions, ventes, échanges, donations, successions, ou autres actes translatifs de propriétés, par suite de constructions ou de démolitions de maisons et usines. (*Inst. min.*)

Livre de mutations.

227. — Les mutations qui surviennent parmi les contribuables sont portées sur un registre particulier, coté et paraphé à chaque feuillet par le maire.

La note de chaque mutation de propriété est inscrite au livre des mutations, à la diligence des parties intéressées. Elle contient la désignation précise de la propriété qui en est l'objet, et il y est dit à quel titre la mutation s'est opérée. Tant que l'ancien propriétaire n'a point déclaré les changemens survenus dans ses propriétés, il continue d'être porté sur la matrice, et lui et ses héritiers naturels peuvent être contraints au paiement de la cote foncière, sauf le recours contre le nouveau propriétaire. (*Loi du 5 frimaire an 7 — 23 novembre 1798, art. 33, 35 et 36.*)

États de changemens pour le personnel et mobilier.

228. — Pour les changemens à faire à la matrice personnelle et mobilière, les répartiteurs constatent ceux qui sont nouvellement venus prendre domicile dans la commune, et qui ont les qualités requises pour être imposés ; ceux qui ont quitté la commune, ou sont décédés, ou devenus indigens ; ceux qui, ne payant déjà que la taxe personnelle, sont passibles encore de la taxe mobilière, ou qui, payant la taxe mobilière, ne sont susceptibles que de la taxe personnelle ; ceux dont les loyers d'habitation doivent être augmentés ou diminués. (*Inst. min.*)

États de changemens pour les portes et fenêtres.

229. — Pour les changemens à faire sur la matrice des portes et fenêtres, le maire s'assure des maisons nouvellement construites, de celles démolies, de celles qui ont reçu des augmentations, de celles qui comprennent des portes et fenêtres non imposables d'après la loi. (*Inst. min.*)

États de changemens pour les patentes.

230. — Pour les changemens à faire sur la matrice des patentes, le maire s'assure des individus qui doivent cesser leur commerce, de ceux qui doivent l'établir, de ceux qui doivent changer de profession, de ceux enfin dont les loyers servant de base au droit proportionnel, doivent être augmentés ou diminués. (*Inst. min.*)

Concours des percepteurs.

231. — Les percepteurs, particulièrement intéressés à la formation exacte des rôles, doivent remettre aux maires un relevé de tous les changemens parvenus à leur connaissance, de toutes les erreurs, omissions, doubles emplois qu'ils auraient remarqués dans les rôles. Ils peuvent même être admis à l'assemblée des répartiteurs, pour leur fournir tous les renseignemens nécessaires. (*Ibid.*)

Certificats négatifs.

232. — S'il n'est point survenu de changemens d'une année

à l'autre, les maires et répartiteurs doivent fournir un certificat portant qu'ils n'ont aucun changement à proposer. (*Inst. min.*)

Époque de la rentrée des états de changemens.

233. — Tous les états de changemens ou certificats négatifs doivent être recueillis par les contrôleurs pour la contribution foncière et celle des portes et fenêtres, avant le 10 septembre, et pour la contribution personnelle et mobilière, au 30 du même mois au plus tard. Passé ces époques, les maires sont censés n'avoir aucuns changemens à proposer, et les rôles s'expédient sur les anciennes matrices. (*ibid.*)

Envoi des états de changemens aux contrôleurs.

234. — Les contrôleurs envoient les états de changemens au directeur, à mesure qu'ils les reçoivent des maires. (*Ibid.*)

Application des changemens aux matrices.

235. — L'application des changemens aux matrices doit se faire naturellement par les contrôleurs qui sont sur les lieux et peuvent plus aisément se procurer, soit auprès des maires, soit auprès des percepteurs, les renseignemens dont ils ont besoin; mais dans beaucoup de départemens le directeur se charge de faire faire cette application dans ses bureaux, soit pour alléger les contrôleurs, soit pour plus d'exactitude et de netteté dans le travail. (*Ibid.*)

États des réimpositions.

236. — Le directeur, avant de commencer l'expédition des rôles, fait arrêter par le préfet le montant des décharges prononcées par le conseil de préfecture et qui doivent être réimposées sur les rôles au profit de ceux qui les ont obtenues. (*Ibid.*)

Envoi des états de réimpositions au ministre.

237. — Les états du montant des réimpositions pour le foncier, le personnel et le mobilier, et les portes et fenêtres, sont rédigés par le directeur des contributions et arrêtés par le préfet, qui les adresse au ministre des finances.

S'il n'y a point de réimpositions à faire sur quelque contribution, le directeur dresse un certificat négatif, qu'il remet au préfet, pour être par lui visé et transmis au ministre. (*Inst. min.*)

Expédition de rôles.

238. — L'expédition des rôles est spécialement confiée au directeur, elle commence aussitôt que les états de réimpositions sont arrêtés, que les contingens des communes en principal et centimes additionnels sont fixés, et que l'on peut sans inconvénient former et appliquer les tarifs. (*Ibid.*)

Rôle foncier.

239. — Le rôle foncier se fait en divisant le revenu total de la matrice par le contingent; ce qui donne une proportion qu'on applique au revenu de chaque propriétaire. (*Ibid.*)

Rôle personnel et mobilier.

240. — Pour le rôle personnel et mobilier, on commence par imposer chaque individu compris dans la matrice à la taxe des trois journées de travail. Ce qui, après cette opération, reste sur le contingent total de la commune, se répartit en contribution mobilière.

Pour cette répartition, on additionne le montant de tous les loyers : on le divise par la somme à imposer en contribution mobilière, et l'on obtient une proportion qu'on applique au loyer de chaque contribuable.

Ainsi, si le total des loyers arrive à 15,000 fr., et que la somme à imposer en cote mobilière soit de 2,000 fr., en divisant 15,000 fr. par 2,000 fr., on a la proportion de 7 centimes et demi, et chaque contribuable est taxé à 7 centimes et demi du montant de son loyer. (*Ibid.*)

Rôle des portes et fenêtres.

241. — Pour l'expédition du rôle des portes et fenêtres, on commence par additionner séparément le nombre total des portes et fenêtres de chaque classe, auxquelles on applique le tarif de la loi. Si par ce travail on n'obtient point le contingent total assigné à la commune, le tarif des portes et fenêtres de chaque classe est augmenté proportionnellement. (*Ibid.*)

Rôle des patentes.

242. — Le rôle des patentes se fait en appliquant à chaque profession le droit fixe consacré par le tarif de la loi, et le dixième de son loyer pour le droit proportionnel.

Époque de l'achèvement des rôles.

243. — Tous les rôles doivent être confectionnés pour le premier décembre au plus tard, et remis immédiatement au préfet, pour être par lui arrêtés et rendus exécutoires. (*Inst. min.*)

Envoi des rôles aux percepteurs.

244. — Le directeur fait passer à chaque contrôleur les rôles des communes de sa division. Le contrôleur les adresse aux maires, pour être publiés et remis aux percepteurs. (*Inst. min.*)

Publication des rôles.

245. — Le premier dimanche après la remise des rôles aux maires, ceux-ci font apposer à la porte principale de la maison commune, ou de l'église, une affiche portant que les rôles sont entre les mains du percepteur, que chaque contribuable doit acquitter la somme pour laquelle il y est porté, et qu'il a trois mois pour former, s'il y a lieu, ses réclamations.

Les affiches sont sur papier non timbré.

L'affiche tient lieu de la publication du rôle. La minute en est signée par le maire et consignée dans les registres de la mairie. (*Loi du 4 messidor an 7 — 22 juin 1799, art. 5 et 6.*)

États du montant des rôles.

246. — Le directeur rédige pour chaque nature de contribution un état général qui présente le montant des rôles par arrondissement et par commune.

Il envoie ces états :

1° Au ministre des finances ;

2° Au préfet ;

3° A chaque receveur particulier en ce qui concerne son arrondissement.

Les états à fournir au receveur général lui sont remis directement et rédigés par la préfecture. (*Inst. min.*)

Deuxième Partie.

Matrices supplémentaires de patentes.

247. — Les contrôleurs sont tenus de former, à la fin de chaque trimestre, une matrice supplémentaire pour les communes, où il se trouve des individus passibles de ce droit. (*Inst. min.*)

Individus à comprendre dans les matrices supplémentaires.

248. — La matrice supplémentaire doit comprendre :

1° Tous ceux qui, exerçant une profession ou un commerce sujets à patente, auront été omis dans la matrice primitive ;

2° Ceux qui, n'exerçant aucun état sujet à patente avant le 1er janvier, entreprennent dans le courant de l'année, un genre de commerce ou de profession qui les y assujettit ;

3° Ceux qui, déjà compris aux rôles primitifs, entreprennent un commerce ou une profession d'une classe supérieure à celle où ils étaient précédemment, ou ont augmenté la valeur locative des lieux destinés à leur habitation et à l'exercice de leur profession ;

4° Ceux qui, également pourvus de patentes, changent de domicile pour s'établir dans une commune qui, à raison d'une population plus forte, donne lieu à un droit plus fort ;

5° Ceux qui auront été taxés dans les premiers rôles par erreur ou autrement, à des sommes inférieures à celles qu'ils doivent supporter, soit pour le droit fixe, soit pour le droit proportionnel. (*Instruct. minist.*)

Expédition des rôles supplémentaires.

249. — Le directeur fait expédier les rôles sur les matrices supplémentaires qui lui sont adressées par les contrôleurs, en ayant soin d'observer que pour toute patente prise dans le cours de l'année, les droits fixes et proportionnels doivent être payés au prorata du temps, par trimestre. C'est-à-dire :

Que pour une patente prise dans les mois d'avril, mai et juin, il est dû les trois quarts des deux droits ;

Pour une patente prise dans les mois de juillet, août et septembre, il est dû la moitié des deux droits ;

Pour une patente prise dans les mois d'octobre, novembre et décembre, il est dû le quart des deux droits. (*Inst. min.*)

Envoi des rôles aux maires.

250. — La marche tracée pour l'arrêté des rôles primitifs par le préfet, et leur envoi aux maires, est la même pour les rôles supplémentaires; il en est de même de l'envoi des états du montant de ces rôles au ministre, au préfet, au receveur général et aux receveurs particuliers d'arrondissement. (*Inst. min.*)

Impositions communales extraordinaires.

251. — Ces impositions sont de deux espèces : 1° celles annuelles qui sont destinées à faire face à des dépenses qui se reproduisent tous les ans ; lorsque les revenus de la commune et les centimes additionnels sont insuffisans comme pour le salaire des gardes champêtres, le supplément de traitement des vicaires et desservans ; 2° celles qui sont nécessitées par des besoins imprévus, tels que des réparations, des constructions extraordinaires, etc. (*Loi du 23 septembre 1814.*)

Autorisation indispensable du gouvernement.

252. — Les impositions de cette nature à établir, soit pour plusieurs années, soit pour un exercice seulement, doivent préalablement être soumises à la délibération des conseils municipaux. Ces délibérations sont transmises au préfet, afin qu'il puisse solliciter une ordonnance du Roi, et si l'imposition est approuvée par le Roi, le rôle en est aussitôt dressé et rendu exécutoire par le préfet. (*Inst. min.*)

Confection des rôles extraordinaires.

253. — Ces rôles extraordinaires sont expédiés par le directeur à qui il n'est alloué pour ce travail que ses simples déboursés. (*Inst. min.*)

Recouvrement des rôles.

254. — Ces rôles extraordinaires ne peuvent être recouvrés que par les percepteurs des contributions directes, auxquels il est accordé une remise égale à celle qu'ils reçoivent pour les contributions ordinaires. (*Même Inst.*)

MINES.

Redevances sur les mines.

255. — Indépendamment de la contribution foncière à laquelle est soumise la superficie des terrains occupés par les mines, elles sont encore annuellement assujetties à des redevances fixes et proportionnelles. (*Loi du 21 avril 1810, art.* 33.)

Redevance fixe.

256. — La redevance fixe est de 10 francs par kilomètre carré. (*Ibid., art.* 34.)

Redevance proportionnelle.

257. — La redevance proportionnelle est du vingtième du produit net de l'exploitation. (*Ibid., art.* 35.)

Matrices de rôles pour la redevance fixe.

258. — Le préfet arrête pour son département un tableau des mines concédées, et un tableau des mines exploitées sans concession, ou sans concession régularisée.

Ces deux tableaux qui servent de matrices de rôles, présentent le nom et la désignation de la mine, sa situation, les noms, professions et demeures des exploitans, l'étendue superficielle du terrain, exprimée en kilomètres carrés, et la somme à percevoir. (*Décret du 6 mai* 1811*, art.* 1, 2, 10, 11 *et* 14.)

Matrices de rôles pour la redevance proportionnelle.

259. — Il y a une matrice de rôle pour les mines concédées et une matrice pour les mines non concédées.

Ces deux matrices sont dressées d'après deux états d'exploitation, et préparées par l'ingénieur des mines qui laisse en blanc la colonne des évaluations définitives du produit net imposable. (*Ibid., art.* 23 *et* 30.)

Évaluations définitives.

260. — Les deux matrices et les évaluations définitives sont arrêtées par un comité composé du préfet, de deux membres du conseil général du département nommé par le préfet, du directeur des contributions, de l'ingénieur des mines et de deux

principaux propriétaires des mines dans les départemens où il y a un nombre d'exploitations suffisant. (*Décret du 6 mai 1811, art. 24.*)

Abonnemens pour la redevance proportionnelle.

261. — Les exploitans peuvent s'abonner pour la redevance proportionnelle. L'état des abonnemens qui auront été admis, est transmis par le préfet au directeur des contributions. (*Ibid.*, *art. 31 et 35.*)

Rôles pour la redevance fixe.

262. — Le directeur des contributions expédie un seul rôle pour la redevance fixe des mines concédées et des mines non concédées, d'après les deux matrices qui lui sont transmises. Le rôle de chaque exploitant se compose du montant de la redevance telle qu'elle est portée sur les matrices, on ajoute à ce montant dix centimes pour fonds de non-valeurs et les taxations du percepteur. (*Ibid.*, *art. 36 et 37.*)

Rôles pour la redevance proportionnelle.

263. — Le directeur expédie un seul rôle pour la redevance proportionnelle des mines concédées et non concédées.

Le directeur impose sur chaque exploitant non abonné, une somme égale au vingtième du produit net arrêté par le comité.

Il porte à l'article de chaque abonné le montant de son abonnement.

A chaque cote il ajoute dix centimes pour fonds de non valeurs et les taxations des percepteurs. (*Ibid.*, *art. 38 et 39.*)

Transmission des rôles aux percepteurs.

264. — Les rôles arrêtés et rendus exécutoires par le préfet, sont remis au directeur des contributions, qui les transmet aux percepteurs. (*Ibid.*, *art. 29 et 39.*)

Recouvrement.

265. — Le recouvrement est effectué par le percepteur de la commune où est située la mine. Lorsque le terrain occupé par la mine embrasse plusieurs communes, le percepteur de la commune

où sont situés les bâtimens, usines et maisons de la direction, est seul chargé du recouvrement. (*Décret du 6 mai 1811, art.* 40.)

Taxations.

266. — La somme à allouer pour les frais de perception aux percepteurs, aux receveurs particuliers et receveurs généraux, est la même que pour les autres contributions. Ils sont autorisés à la retenir par leurs mains, sauf à en compter dans la forme accoutumée. (*Inst. min.*)

Envoi des états du montant des rôles.

267. — Le directeur envoie un état du montant de ces rôles,
Au ministre des finances,
Au directeur général des mines,
Aux receveurs particuliers, pour leurs arrondissemens respectifs.

L'état pour le receveur général lui est transmis et formé par la préfecture. (*Instr. minist.*)

Décharges et réductions sur la redevance fixe.

268. — Tout individu compris dans le rôle fixe, et qui a à se plaindre de sa taxe ou de la contenance du terrain imposé, adresse sa pétition au préfet. (*Décret du 6 mai 1811, art.* 44.)

Instruction et jugement de la réclamation.

269. — La pétition, appuyée des pièces justificatives, est renvoyée à l'ingénieur des mines, qui donne son avis motivé; le conseil de préfecture prononce. (*Ibid., art.* 45.)

Réclamation contre la redevance proportionnelle.

270. — Les individus qui se croient trop imposés à la redevance proportionnelle, se pourvoient également pardevant le préfet. (*Ibid., art.* 47.)

Instruction et jugement des réclamations.

271. — Le préfet envoie les réclamations au sous-préfet, qui les communique à l'ingénieur des mines, et prend ensuite l'avis

des maires et répartiteurs qui ont concouru avec ce dernier à l'assiette de la redevance proportionnelle.

Le tout est renvoyé au directeur des contributions, qui fait son rapport. Le conseil de préfecture prononce. (*Décret du 6 mai 1811, art. 48.*)

Expertise.

272. — Si le sous-préfet, l'ingénieur des mines et le directeur des contributions ne conviennent point de la surtaxe, et que le réclamant n'adhère pas à leur avis, deux experts sont nommés, l'un par le préfet, l'autre par le réclamant.

A l'époque fixée, les experts se rendent sur les lieux avec le contrôleur des contributions; et, en présence de l'ingénieur des mines et du réclamant, ou de son fondé de pouvoir, ils vérifient les faits et donnent leur avis sur l'appréciation du revenu net de l'exploitation. (*Ibid., art. 49.*)

Procès-verbal de l'expertise; avis et jugement.

273. — Le contrôleur des contributions rédige un procès-verbal des dires des experts et du réclamant. Il y joint son avis et celui de l'ingénieur des mines, et adresse le tout au préfet, qui le transmet, avec son avis, au sous-préfet. Le directeur des contributions fait son rapport; et le conseil de préfecture prononce. (*Ibid., art. 5o.*)

Frais d'expertise.

274. — Les frais d'expertise sont réglés par le préfet.

Si la réclamation est reconnue non fondée, les frais sont supportés par le réclamant.

Si elle est reconnue fondée, les frais sont pris sur la portion des fonds de non-valeurs mis à la disposition du préfet. (*Ibid., art. 51, 52 et 53.*)

Remises et modérations.

275. — Lorsque, par des événemens extraordinaires, un exploitant éprouve des pertes, il adresse sa pétition au préfet, qui la renvoie à l'ingénieur des mines.

L'ingénieur se transporte sur les lieux, vérifie les faits en présence du maire, constate la quotité de la perte et en adresse un procès-verbal détaillé au préfet, qui prend l'avis du sous-préfet et du directeur des contributions. (*Décret du 6 mai 1811, art.* 54.)

Distribution des fonds de non-valeurs.

276. — Le préfet recueille les différentes demandes faites dans le cours de l'année, en remises et modérations, et à l'expiration de l'année, il fait entre les contribuables dont les réclamations sont reconnues justes et fondées, la distribution des sommes qu'il peut accorder sur les fonds de non-valeurs mis à sa disposition. (*Ibid.*, art. 55.)

Approbation du ministre de l'intérieur.

277. — L'état de distribution est envoyé au directeur général des mines, pour être soumis au ministre de l'intérieur et recevoir son approbation. (*Ibid.*, art. 56.).

Emploi des fonds de non-valeurs.

278. — Sur les dix centimes imposés additionnellement au principal des redevances fixes et proportionnelles, moitié est mise à la disposition du préfet pour être employée aux frais de confection des états, tableaux, matrices et rôles, aux décharges et réductions, remises et modérations, ainsi qu'aux frais d'expertise et de vérification des demandes en dégrèvement ; l'autre moitié reste à la disposition du ministre de l'intérieur et est destinée principalement à accorder des supplémens de fonds aux départemens auxquels le *maximum* des centimes additionnels ne suffit point pour faire face aux dépenses précédemment ordonnées, et à accorder des remises et modérations extráordinaires aux départemens où les exploitations ont éprouvé des accidens majeurs. (*Ibid.*, art. 57.)

Indemnité aux employés de la direction.

279. — A la fin de l'année le ministre arrête les sommes à allouer aux agens de la direction pour ce travail extraordinaire. (*Inst. min.*)

TROISIÈME PARTIE.

PERCEPTION.

Nomination des receveurs généraux.

280. — IL existe un receveur général des contributions directes pour chaque département. Ils sont nommés par le roi sur la présentation du ministre des finances ; ils font, sans intermédiaire, la recette de l'arrondissement du chef-lieu du département. (*Loi du 17 fructidor an 6.—3 septembre 1798, art. 2.*)

Nomination des receveurs particuliers.

281. — Il existe un receveur particulier des contributions directes dans tous les arrondissemens de sous-préfecture autres que ceux des chefs-lieux de département. Les receveurs particuliers sont nommés par le roi sur la présentation du ministre des finances. (*Loi du 27 ventôse an 8 — 18 mars 1800, art. 2 et 3.*)

Nomination des percepteurs.

282. — Les percepteurs des contributions directes sont nommés à vie par le roi, sur la présentation du ministre des finances, d'après la proposition du préfet et le consentement, par écrit, du receveur général et du receveur particulier. (*Loi du 5 ventôse an 12 — 25 février 1804.*)

Il y a, autant que possible, un percepteur pour chaque ville, bourg et village. Les préfets peuvent, néanmoins, proposer un seul percepteur pour plusieurs communes lorsque les localités l'exigent. (*Ibid., art. 10 et 11.*)

Perception des revenus communaux.

283. — Les percepteurs des contributions directes font la

recette des revenus communaux de toutes les communes de leurs arrondissemens, ayant moins de 20,000 francs de revenu. (*Décret du* 3o *frimaire an* 13 — 21 *décembre* 1804 , *art.* 1.)

La recette des revenus des communes ayant plus de 20,000 f. de revenu est confiée à un préposé spécial.

Présentation de candidats pour les perceptions.

284. — La proposition des candidats pour les places des percepteurs, qui sont vacantes, est faite sur un état qui contient sept colonnes intitulées comme il suit :

1° Arrondissement ;

2° Désignation des communes ;

3° Noms et prénoms des percepteurs décédés, démissionnaires, ou révoqués ;

4° Noms et prénoms des sujets proposés par le préfet ;

5° Date du consentement , par écrit, du receveur général pour l'arrondissement chef-lieu , et des receveurs particuliers pour les autres arrondissemens ;

6° Indication et valeur des immeubles possédés par les sujets proposés ;

7° Observations. (*Inst. min.*)

Remplacemens provisoires.

285. — Une instruction du ministre du trésor public en l'an 10 (1801 et 1802), une autre instruction du 1er décembre 1809, un décret du 4 janvier 1808, et plusieurs arrêtés des préfets, approuvés par le ministre des finances , ont consacré la marche à suivre en cas de décès , disparution , faillite , destitution , ou suspension des receveurs généraux , des receveurs particuliers et des percepteurs.

S'il s'agit d'un receveur général , le préfet nomme un receveur provisoire , et envoie l'arrêté de nomination au ministre des finances.

S'il s'agit d'un receveur particulier , le receveur général présente un receveur , par *interim* , au préfet, qui le nomme et transmet au ministre l'arrêté de nomination.

S'il s'agit d'un percepteur, le receveur particulier présente un receveur provisoire au préfet qui le nomme, et adresse l'arrêté de nomination au ministre. (*Inst. min.*)

Incompatibilité.

286. — Les préfets, sous-préfets, maires et adjoints, les membres des cours et tribunaux, les notaires, les fonctionnaires publics et employés payés par le gouvernement, ne peuvent cumuler leurs places avec celles de receveurs ou de percepteurs. En cas de nomination, ils sont tenus d'opter. (*Lois du 29 septembre 1791, du 24 vendémiaire an 3 — 15 octobre 1794, et Inst. min.*)

Traitement et remises des receveurs généraux.

287. — Les receveurs généraux ont un traitement fixe et de plus une remise sur leurs recettes.

Le traitement fixe des receveurs généraux est de 6,000 fr.

Leurs remises, comme receveurs généraux, sont d'un dixième de centime pour franc des recettes versées dans les caisses, par les receveurs particuliers.

Leurs remises, comme receveurs particuliers de l'arrondissement chef-lieu, sont d'un tiers de centime pour franc de toutes les recettes de cet arrondissement, effectuées dans leurs caisses.

Néanmoins, les remises du receveur général du département de la Seine, ne sont que d'un cinquième de centime pour franc des recettes de la ville de Paris. (*Loi du 17 fructidor an 6 — 3 septembre 1798, art. 3, 4, 5 et 6.*)

Traitement et remises des receveurs particuliers.

288. — Le traitement fixe des receveurs particuliers d'arrondissement est de 2,400 francs.

Les remises des receveurs particuliers sont d'un tiers de centime pour franc des recettes de toute nature effectuées dans leurs caisses. (*Ibid., art. 7 et 8.*)

Les receveurs généraux et particuliers n'ont point de remises sur le montant des décharges prononcées par le conseil de préfecture sur les cotes des contribuables. (*Loi du* 17 *fructidor an* 6 — 3 *septembre* 1798, *art.* 9.)

Taxations des percepteurs.

289. — Les taxations des percepteurs sont réglées par l'arrêté relatif à leur nomination ; elles ne peuvent excéder cinq centimes pour franc du montant des contributions directes qu'ils sont chargés de percevoir. (*Loi du* 5 *ventôse an* 12 — 25 *février* 1804, *art.* 15.)

Taxations des percepteurs sur les recettes communales.

290. — Les percepteurs jouissent, en outre, sur les recettes des revenus communaux, d'une remise qui, sur la proposition du conseil municipal et l'avis du sous-préfet de l'arrondissement, est réglée par le préfet. Mais, pour régler cette remise et prévenir tout double emploi, on ne fait point entrer dans les revenus communaux les cinq centimes imposés additionnellement au principal des contributions foncière, personnelle et mobilière pour les dépenses municipales, ni le produit des patentes revenant aux communes, sur lesquels ils ont déjà des taxations. (*Décret du* 30 *frimaire an* 13 — 21 *décemb.* 1804, art. 2.)

Mode de paiement.

291. — Les receveurs généraux et les receveurs particuliers retiennent par leurs mains leurs traitemens et remises. Le montant de ces traitemens et remises est déduit sur leurs soumissions. Les percepteurs retiennent aussi leurs taxations par leurs mains. (*Décret du* 6 *octobre* 1810.)

Imposition des traitemens, remises et taxations.

292. — Les traitemens et remises des receveurs généraux et particuliers, les taxations des percepteurs, sont imposés spécialement et compris dans les rôles des quatre contributions directes (*Arrêté du* 24 *brumaire an* XI — 15 *novembre* 1802.)

Soumissions des receveurs généraux.

293. — Les receveurs généraux fournissent des soumissions de verser au trésor royal le montant des contributions directes de leurs départemens. (*Loi du 6 frimaire an 8 — 27 novembre* 1799, *art.* 1.)

Par suite de ces soumissions, ils souscrivent des obligations payables à leur domicile, en numéraire, à jour fixe. (*Ibid.*, *art.* 2.)

Le porteur d'une obligation a le droit, lorsqu'il n'en est pas payé, de la faire protester, et en est remboursé par le trésor royal. (*Ibid.*, *art.* 6.)

Soumissions des receveurs particuliers.

294. — Les receveurs particuliers fournissent des soumissions de verser à la recette générale le montant des contributions de leurs arrondissemens. (*Loi du 27 ventôse an 8 — 18 mars* 1800, *art.* 1.)

Cautionnemens des receveurs généraux.

295. — Les receveurs généraux fournissent un cautionnement en numéraire égal au douzième du principal des quatre contributions directes de leurs départemens. (*Loi du 2 ventôse an 13 — 21 février* 1805, *art.* 13.)

Ils fournissent en outre un cautionnement pour les recettes qu'ils font sur le produit de l'enregistrement, des domaines, des douanes, des tabacs, des sels, de la loterie, et généralement de toutes les contributions indirectes.

Cautionnemens des receveurs particuliers.

296. — Les receveurs des arrondissemens, autres que ceux de l'arrondissement chef-lieu du département, fournissent un cautionnement en numéraire égal au douzième du principal des quatre contributions directes réunies dont la perception leur est confiée.

Ils fournissent en outre un cautionnement pour les produits de l'enregistrement, des domaines, des douanes et des autres droits indirects versés dans leurs caisses. Ce cautionnement est fixé par le tarif annexé à la loi. (*Loi du 28 avril 1816, art.* 81.)

Cautionnemens des percepteurs.

297. — Les percepteurs fournissent un cautionnement en numéraire égal au douzième du montant en principal et centimes additionels des quatre contributions directes dont la perception leur est confiée.

298. — Dans les villes de Paris, Lyon, Bordeaux, Marseille, Montpellier, Nantes, Rouen, Lille, Strasbourg, Orléans, Toulouse, Metz, Dijon, Caen, Rennes, Nismes et Versailles, le cautionnement des percepteurs fixé par la loi du 5 ventôse an 12 (25 février 1804), au douzième du montant en principal des quatre contributions directes, est augmenté d'un quart en sus. (*Loi du 28 avril* 1816, *art.* 82.)

299. — Les percepteurs fournissent en outre un cautionnement égal au douzième du montant de toutes les recettes qu'ils font pour le compte des communes. (*Ibid., art.* 83.)

Versement des cautionnemens.

300. — Les cautionnemens sont versés au trésor royal. Nul n'est admis à prêter serment et à être installé dans ses fonctions, s'il ne justifie préalablement de la quittance de son cautionnement. (*Ibid., art.* 92 *et* 96.)

Pour faciliter le versement des cautionnemens, il est fait pour Paris directement au trésor royal; pour les départemens, les cautionnemens sont versés dans la caisse du receveur général; celui-ci adresse au trésor royal un bordereau indicatif des cautionnemens qu'il a reçus. (*Arrêté du 24 germinal an 8 — 14 avril 1800, art.* 1 *et* 3.)

D'après ce bordereau, le trésor royal ouvre un compte tant en capital qu'en intérêts aux comptables qui se sont mis en devoir d'acquitter leurs cautionnemens. (*Ibid., art.* 4.)

Ces comptables adressent au trésor royal les quittances provisoires à eux délivrées, et en échange le trésor royal leur délivre une quittance définitive. (*Loi du 28 avril* 1816 *, art.* 5 *et* 6.)

Intérêts des cautionnemens.

301. — Les intérêts des cautionnemens courent à compter de la date de leur versement. Aucun paiement d'intérêts ne peut être fait que sur la représentation de la quittance définitive délivrée par le trésor. (*Ibid., art.* 8.)

Les intérêts des cautionnemens des receveurs généraux, des receveurs particuliers et des percepteurs sont fixés à cinq pour cent. (*Loi du* 15 *septembre* 1807 *, art.* 21.)

Le trésor royal est chargé de rembourser le capital, lorsqu'il y a lieu, et d'en payer les intérêts. (*Loi du 28 avril* 1816 *, art.* 94).

Remboursement des cautionnemens des receveurs généraux.

302. — La moitié du cautionnement fourni par les receveurs généraux pour les contributions directes leur est remboursée, ou à leur famille, lorsqu'ils cessent leurs fonctions, en justifiant du paiement de toutes les obligations échues, et du compte de clerc à maître accepté par le successeur.

La seconde moitié leur est également restituée de suite, à la charge de la remplacer en immeubles ou en cinq pour cent consolidés, jusqu'à la justification du *quitus* de la cour des comptes pour les exercices terminés. (*Loi du* 2 *ventôse an* 13 — 21 *février* 1805 *, art.* 15.)

Le cautionnement relatif aux contributions indirectes leur est restitué, ou à leur famille, en justifiant par le compte de clerc à maître accepté par leur successeur qu'ils ont compté des recettes faites sur ces contributions. (*Ibid., art.* 17.)

Remboursement des cautionnemens des receveurs particuliers.

303. — Lorsque les receveurs particuliers cessent leurs fonctions, la totalité de leur cautionnement leur est restituée à eux, ou à leur famille, en justifiant du *quitus* du receveur général. (*Ibid., art.* 19.)

Remboursement des cautionnemens des percepteurs.

304. — Toutes les fois qu'il y a lieu au remboursement du cautionnement d'un percepteur, il doit produire à l'appui de sa demande :

1° Un certificat du receveur général visé par le préfet et constatant que tous les fonds par lui perçus ont été versés, et que sa gestion est entièrement régulière. (*Inst. min. du 20 nivôse an 12 — 11 janvier 1804.*)

Modèle de ce certificat.

« Je soussigné, receveur général du département, certifie
» que le sieur   percepteur des contributions directes,
» de la commune de   a versé l'intégralité de ses
» recettes à la caisse du receveur particulier de son arron-
» dissement ; qu'il est en conséquence parfaitement libéré, et
» que rien ne peut dès-lors s'opposer au remboursement de
» son cautionnement. »

2° Un certificat de *quitus* des revenus communaux signé des maires de toutes les communes dans lesquelles ils ont exercé leurs fonctions. Ce certificat est signé du sous-préfet. (*Inst. min. du 14 septembre 1807.*)

Modèle de ce certificat.

« Je soussigné, maire de la commune de   arrondisse-
» ment de   département de   certifie que
» le sieur   receveur des revenus de cette commune,
» s'est entièrement libéré du montant de toutes les recettes
» qu'il a faites pendant tout le temps de sa gestion pour le
» compte de la même commune, qui n'a aucune réclamation
» à faire contre lui, et que rien ne peut s'opposer au rem-
» boursement du cautionnement qu'il a fourni en cette qua-
» lité. »

3° Un certificat du greffier du tribunal civil de l'arron-dissement qu'il n'y a aucune opposition au remboursement du cautionnement. (*Inst. min.*).

Ces certificats sont adressés par le préfet au ministre des

finances, qui ordonne le remboursement du cautionnement du percepteur. Le remboursement est opéré, comme le percepteur le désire, soit à Paris, soit à la caisse du receveur général du département dans lequel le percepteur a exercé. (*Inst. min. du 20 nivôse an 12 — 11 janvier 1804.*)

Opposition au paiement des intérêts ou du capital.

305. — Les oppositions formées au trésor royal portent sur le capital et les intérêts échus et à écheoir, à moins que mention expresse ne soit faite pour les restreindre au capital seulement.

Les oppositions faites aux greffes des tribunaux ne peuvent valoir que pour les capitaux, tant qu'elles n'ont pas été notifiées au trésor royal. (*Avis du conseil d'état, du 18 juillet 1807.*)

Le trésor royal est régulièrement libéré des intérêts des cautionnemens payés aux titulaires, du moment qu'il a délivré ses mandats, lors même qu'il surviendrait à sa connaissance des oppositions dans l'intervalle du jour de l'ordonnance à celui où le paiement aura été effectué. (*Ibid.*)

Privilége des prêteurs de fonds pour cautionnemens.

306. — Les cautionnemens des receveurs généraux et particuliers, et des percepteurs sont affectés par premier privilége à la garantie des condamnations qui pourraient être prononcées contr'eux par suite de l'exercice de leurs fonctions ; par second privilége au remboursement des fonds, qui leur auraient été prêtés, pour tout ou partie de leur cautionnement et subsidiairement au paiement, dans l'ordre ordinaire, des créances particulières qui seraient exigibles sur eux. (*Loi du 25 nivôse an 13 — 15 janvier 1805, art. 1.*)

307. — Les réclamans sont admis à faire sur ces cautionnemens, des oppositions motivées, soit directement au trésor royal, soit aux greffes des tribunaux, dans le ressort desquels les titulaires exercent leurs fonctions. (*Ibid., art. 2.*)

308. — La déclaration au profit des prêteurs de fonds de

cautionnement faite au trésor royal, tient lieu d'opposition pour leur assurer l'effet du privilége du second ordre. (*Loi du 25 nivôse an 13 — 15 janvier 1805, art. 4.*)

309. — Les prêteurs de fonds pour cautionnement qui n'auraient pas fait remplir, à l'époque de la prestation, les formalités exigées par les articles 2, 3 et 4 de la loi du 25 nivôse an 13, pour s'assurer de la jouissance du privilége du second ordre, peuvent l'acquérir à quelque époque que ce soit, en rapportant au trésor royal la preuve de leur qualité, et main-levée des oppositions existantes sur le cautionnement, ou le certificat de non-opposition du tribunal de première instance. (*Décret du 28 août 1808, art. 1er.*)

310. — Il est délivré aux prêteurs de fonds inscrits sur les registres des oppositions et déclarations du trésor royal, un certificat conforme au modèle suivant. (*Ibid., art. 2.*)

Modèle de ce certificat.

« Je soussigné, chef du bureau des oppositions au trésor
» royal, certifie que N.... s'est conformé aux dispositions
» prescrites par les lois des 25 nivôse et 6 ventôse an 13
» (15 janvier et 25 février 1805), pour acquérir le privilége
» du second ordre ; qu'en conséquence il est inscrit sur le
» registre à ce destiné comme bailleur de fonds du caution-
» nement de N......., pour la totalité, ou jusqu'à con-
» currence de la somme de .... qu'il a prêtée
» audit N........ pour acquitter partie de son cautionne-
» ment. »

Les prêteurs de fonds ne peuvent exercer le privilége du second ordre qu'en représentant le certificat ci-dessus, à moins cependant que leur opposition ou la déclaration faite à leur profit ne soit consignée aux registres des oppositions et déclarations du trésor royal ; faute de quoi ils ne peuvent exercer de recours contre le trésor royal que comme les créanciers ordinaires, et en vertu des oppositions qu'ils auraient formées aux greffes des tribunaux indiqués par la loi. (*Décret du 28 août 1808, art. 3.*)

Privilége du trésor royal sur les biens des receveurs.

311. — Le privilége du trésor royal a lieu sur tous les biens meubles des receveurs, même à l'égard des femmes séparées de biens, pour les meubles trouvés dans les maisons d'habitation du mari, à moins qu'elles ne justifient légalement que ces meubles leur sont échus de leur chef, ou que les deniers employés à l'acquisition leur appartenaient. (*Loi du 5 septembre 1807, art. 2.*)

Le privilége du trésor royal a lieu sur les immeubles acquis à titre onéreux, par les comptables, postérieurement à leur nomination, et sur les immeubles acquis au même titre, depuis cette nomination, par leurs femmes, même séparées de biens. Sont exceptées, néanmoins, les acquisitions à titre onéreux faites par les femmes, lorsqu'il est légalement justifié que les deniers employés à l'acquisition leur appartenaient. (*Ibid., art. 4.*)

Le privilége ci-dessus du trésor royal a lieu à la charge d'une inscription qui doit être faite dans les deux mois de l'enregistrement de l'acte translatif de propriété. (*Ibid., art. 5.*)

Le trésor royal a une hypothèque légale, à la charge de l'inscription, sur les immeubles qui appartenaient aux receveurs avant leur nomination, et sur les immeubles acquis par eux, autrement qu'à titre onéreux, postérieurement à leur nomination. (*Ibid., art. 6.*)

Les receveurs généraux de département, et les receveurs particuliers d'arrondissement, sont tenus d'énoncer leurs titres et qualités dans les actes de vente, d'acquisition, de partage, d'échange, et autres actes translatifs de propriété qu'ils passent, à peine de destitution; et en cas d'insolvabilité envers le trésor royal, d'être poursuivis comme banqueroutiers frauduleux. (*Ibid., art. 7.*)

En cas d'aliénation, par un receveur, de biens affectés aux droits du trésor royal, par privilége ou par hypothèque, les agens du trésor royal poursuivent, par voie de droit, le recouvrement des sommes dont ce receveur a été constitué redevable. (*Loi du 5 septembre* 1807 *, art.* 8.)

Dans le cas où le receveur ne serait pas actuellement constitué redevable, le trésor royal doit, dans les trois mois, à compter de la notification qui lui en est faite, fournir et déposer au greffe du tribunal de l'arrondissement des biens vendus, un certificat constatant la situation de ce receveur; à défaut de quoi ledit délai expiré, la main-levée de l'inscription a lieu de droit, et sans qu'il soit besoin de jugement. La main-levée a également lieu de droit dans le cas où le certificat constate que le receveur n'est point débiteur envers le trésor royal. (*Ibid., art.* 9.)

La prescription des droits du trésor royal court, au profit des receveurs, du jour où leur gestion a cessé. (*Ibid., art.* 10.)

Versemens des receveurs généraux au trésor royal.

312. — Les produits des contributions directes, des contributions indirectes et recettes diverses, sont mis par les receveurs généraux à la disposition du trésor royal, soit par des envois en espèces dans les lieux désignés par le ministre des finances, soit par des remises en bons effets de commerce sur Paris et autres places également indiquées, soit par l'acquittement des crédits ouverts sur eux par le trésor royal. (*Décret du 4 janvier* 1808 *, art.* 19.)

Les obligations, les bons à vue, et tous autres engagemens souscrits par les receveurs généraux pour être acquittés sur le produit de leurs recettes, sont versés par eux au trésor royal qui leur renvoie ces obligations et bons à vue. (*Ibid., art.* 24 et 26.)

Les receveurs généraux qui, avant le terme de leurs obligations, bons à vue et autres engagemens par eux souscrits, font des versemens au trésor royal, reçoivent en retour leurs obligations, leurs bons à vue et toutes autres valeurs nécessaires, pour les couvrir de leurs envois. (*Ibid., art.* 30.)

Versemens des receveurs particuliers à la caisse du receveur général.

313. — Les receveurs particuliers d'arrondissement, nonobstant les termes fixés par leurs soumissions envers les receveurs généraux, doivent verser tous les dix jours, au moins, et même plus fréquemment, suivant les circonstances et les localités, toutes les sommes qu'ils ont recouvrées. (*Décret du 4 janvier 1808, art. 11.*)

Il est tenu compte aux receveurs particuliers, par le receveur général, sur leurs versemens anticipés, d'une bonification égale aux cinq sixièmes de celle attribuée au receveur général sur son crédit à la caisse de service. (*Ibid.*)

Versemens des percepteurs à la caisse des receveurs particuliers.

314. — Les percepteurs, nonobstant l'obligation d'acquitter les douzièmes échus du montant de leurs rôles, versent tous les dix jours, dans la caisse du receveur particulier, le montant intégral de leurs recouvremens. (*Inst. min. du 7 janvier 1808.*)

Recettes exceptées des versemens.

315. — Dans les versemens ne sont point compris : les centimes affectés aux dépenses communales qui restent à la disposition des maires, les sommes dont la réimposition a été ordonnée et qui sont remises aux contribuables au profit de qui elle est faite, enfin les frais de perception qui sont retenus par le percepteur. (*Inst. min.*)

Ordonnances prises pour comptant.

316. — Les ordonnances de remboursement sont prises, ainsi que les ordonnances de décharge, pour comptant, par le receveur particulier, lorsque ces ordonnances sont régulièrement quittancées, que la somme y est énoncée en toutes lettres et qu'elles sont datées. (*Inst. min.*)

Déclarations de retenues.

317. — A l'égard des sommes que les percepteurs sont au-

torisés à retenir, soit pour leurs taxations, soit pour centimes communaux mis à la disposition du maire, les percepteurs fournissent une déclaration de retenue signée par le maire. (*Inst. min.*)

Délivrance et visa des récépissés.

318. — Les receveurs sont tenus de comprendre dans chacun de leurs versemens, soit en numéraire, soit en pièces de dépenses, la totalité de leurs recettes, et d'en tirer un récépissé. En cas de contravention à cette disposition, ils sont traités comme rétentionnaires de deniers publics. (*Décret du 4 janvier 1808, art. 1.*)

Les receveurs particuliers ne doivent pas diviser leurs récépissés par contribution et par chacune des communes composant un arrondissement de perception. Ils ne délivrent, à chaque percepteur, qu'un seul récépissé pour chaque versement, sans autre division que celle des exercices. (*Inst. min. du 7 janvier 1808.*)

Les récépissés délivrés par les receveurs particuliers aux percepteurs, sont à talons et conformes au modèle annexé au décret. Les sous-préfets, en visant ces récépissés, en séparent les talons, et les retiennent par-devers eux. (*Décret du 4 janvier 1808, art. 2.*)

Tout récépissé sans talon, ou dans une autre forme que celle du modèle, ou dont le talon n'a pas été remis dans les mains du sous-préfet, ou enfin qui n'a pas été visé par lui, n'opérera pas la décharge des percepteurs envers le trésor royal, dans le cas de divertissement de deniers de la part du receveur particulier. (*Ibid., art. 4.*)

Les sous-préfets adressent, tous les mois, au trésor royal, tous les talons par eux retenus des récépissés des receveurs d'arrondissement, présentés à leur visa. (*Ibid., art. 5.*

Toutes les dispositions concernant la forme, le visa et le talon des récépissés, sont applicables aux récépissés que les receveurs particuliers d'arrondissement délivrent aux préposés comptables des administrations et régies, en échange de leurs versemens. (*Décret du 4 janvier 1808, art. 7.*)

Les récépissés de versement délivrés aux percepteurs par le receveur particulier, sont visés par le sous-préfet de l'arrondissement, dans les vingt-quatre heures. (*Inst. min. du 23 floréal an 8 — 13 mai 1800.*)

Les récépissés délivrés par le receveur général aux receveurs particuliers, et à lui-même comme receveur particulier de l'arrondissement chef-lieu, sont visés par le préfet. (*Ibid.*)

Le receveur général doit délivrer, dans le jour même, aux receveurs particuliers, le récépissé des sommes par eux versées dans sa caisse, et le présenter au visa du préfet, le lendemain au plus tard. (*Ibid.*)

Le préfet envoie, à la fin de chaque trimestre, au ministre des finances, un bordereau du montant des récépissés visés. (*Ibid.*)

Garantie des receveurs généraux contre les receveurs particuliers.

319. — Le receveur général est responsable des receveurs particuliers de son département, pour toutes les sommes dont il aurait négligé de faire effectuer le versement dans sa caisse, ou de disposer pour le service après la connaissance qu'il aurait eue de leur recouvrement, par la copie de leur journal, dont il doit exiger l'envoi tous les dix jours. (*Décret du 4 janvier 1808.*)

En cas de déficit d'un receveur particulier d'arrondissement, le receveur général pour sa garantie, a, sur le cautionnement, les biens et la personne de ce receveur particulier, les mêmes droits que le trésor a sur le cautionnement, les biens et la personne de ses comptables, après, toutefois, que le trésor aura été couvert et remboursé. (*Inst. min. du 7 janvier 1808.*)

Garantie des receveurs particuliers contre les percepteurs.

320. — La garantie du receveur particulier d'arrondisse-

ment contre les percepteurs existe dans les droits que la loi lui accorde sur leur cautionnement, leurs biens et leur personne, et dans la faculté qu'il a de les forcer à verser, tous les dix jours, le produit de leurs recettes, de faire vérifier leurs caisses, et de décerner contre eux des contraintes en cas de retard dans les versemens.

En cas de divertissement de deniers de la part d'un percepteur, le receveur particulier fait faire à l'instant toutes les saisies et actes conservatoires.

Il peut décerner en outre, contre le percepteur, une contrainte par corps qui n'est néanmoins mise à exécution qu'après avoir été visée par le juge de paix. (*Arrêté du 16 thermidor an 8 — 4 août 1800, art. 33.*)

Le receveur particulier envoie de suite le procès-verbal et les pièces à l'appui, au sous-préfet, qui, sur la présentation du receveur, nomme d'office un percepteur chargé provisoirement de faire le recouvrement. (*Ibid., art. 34.*)

Si, dans les cinq jours suivans, la somme divertie n'est pas remplacée, le receveur particulier fait procéder à la vente des meubles et effets du percepteur, même à l'expropriation forcée de ses immeubles, pardevant les juges compétens, jusqu'à concurrence de ladite somme. (*Ibid., art. 35.*)

Les mesures ci-dessus prescrites n'empêchent point les poursuites extraordinaires auxquelles le divertissement de deniers pourrait donner lieu. (*Ibid., art. 36.*)

Tous les frais faits à l'occasion d'un divertissement de deniers sont à la charge des percepteurs, et réglés par le sous-préfet, sauf le recours au préfet. (*Ibid., art. 37.*)

Lorsqu'un percepteur est en débet, il est d'abord constaté si le maire et le receveur particulier ont exercé vis-à-vis de lui toute la surveillance prescrite par les réglemens. Dans le cas où cette surveillance aurait été exercée, et où le percepteur ayant été poursuivi dans tous ses biens, incarcéré et traduit devant les tribunaux, il resterait néanmoins, prélèvement fait de son cautionnement en numéraire, un débet en vers le trésor royal, ce débet est imputé sur le fonds de non-valeurs. (*Décret du 20 juillet* 1808.)

Il est fait au Roi, par le ministre des finances, un rapport particulier de chacune de ces affaires. (*Ibid.*)

Garde de surveillance auprès des caisses.

321. — Il peut être établi, auprès des caisses des receveurs généraux et particuliers, une garde permanente, pour veiller à leur conservation. Cette garde est fournie par les troupes en activité de service, et à leur défaut, par la garde nationale du chef-lieu de l'arrondissement ; néanmoins, dans les communes dont la population est au-dessus de 20,000 âmes, la garde est montée seulement pendant la nuit. (*Loi du 7 pluviôse an 2.— 26 janvier* 1794.)

Logement des gens de guerre.

322. — Les receveurs généraux, les receveurs particuliers et les percepteurs ne sont point obligés de fournir des logemens aux troupes dans les maisons qui renferment leurs caisses ; mais ils sont tenus d'y suppléer, en fournissant des logemens en nature, chez d'autres habitans, avec lesquels ils s'arrangent à cet effet. (*Loi du 23 mai* 1792.)

Vol de deniers publics.

323. — Les receveurs généraux, les receveurs particuliers et les percepteurs ne peuvent obtenir la décharge d'un vol de deniers publics, s'ils ne justifient que ce vol est l'effet d'une force majeure ; et qu'outre les précautions ordinaires, ils ont en celle de coucher, ou de faire coucher un homme sûr dans le lieu où ils tiennent leurs fonds ; et de plus, si c'est un rez-de-chaussée, de le tenir solidement grillé. (*Arrêté du 8 flor. an 10 — 28 avril* 1802.)

Résidence des receveurs et percepteurs.

324. — Les receveurs généraux sont tenus de résider au chef-lieu du département.

Les receveurs particuliers résident au chef-lieu de leur arrondissement.

Les percepteurs résident dans la commune dont la perception leur est confiée ; et s'ils ont la perception de plusieurs communes réunies, ils résident dans la commune qui est fixée par le préfet. (*Inst. minist. du 7 thermidor an XI — 26 juillet 1803.*)

Congés des receveurs et percepteurs.

325. — Les receveurs généraux, les receveurs particuliers et les percepteurs ne peuvent s'absenter sans congé.

Le congé des receveurs généraux leur est accordé par le ministre des finances, d'après le consentement du préfet, auprès de qui ils doivent en former la demande, et qui la transmet au ministre.

Le congé des receveurs particuliers leur est pareillement accordé par le ministre des finances ; mais ils doivent préalablement s'adresser au receveur général, qui transmet leur demande au préfet : le préfet la fait passer au ministre.

Les percepteurs doivent s'adresser au maire de leur commune, qui transmet leur demande au préfet ; le préfet accorde, s'il y a lieu, le congé. Il donne seulement connaissance, au ministre, des congés qu'il accorde aux percepteurs des villes chefs-lieux de département.

Absence ou disparution.

326. — En cas de disparution d'un comptable, ou d'absence sans domicile connu, le fait est constaté par des procès-verbaux de perquisition dressés par des huissiers, ou par des certificats délivrés sous leur responsabilité, par les maires et adjoints des communes de sa résidence, ou de son dernier domicile. (*Arrêté du 6 messidor an 10 — 25 juin 1802.*)

Franchise des lettres.

327. — Les receveurs généraux et particuliers ne paient point les lettres et paquets qui leur sont adressés sous le contreseing du ministre des finances.

Ils jouissent pareillement de la franchise, dans l'étendue de leur département ou de leur arrondissement, pour les lettres et paquets qu'ils s'adressent respectivement à raison de leur service; mais ils sont tenus de correspondre sous bandes.

Ils correspondent aussi sous bandes avec le préfet, avec le directeur et l'inspecteur des contributions. Les lettres et paquets qu'ils envoient ou qu'ils reçoivent sont alors francs de port. (*Arrêté du 27 prairial an 8 — 16 juin 1800.*)

Justiciabilité.

328. — Les tribunaux ne pouvant s'immiscer dans la connaissance des actes d'administration, de quelque nature qu'ils soient, les receveurs ne doivent, en ce qui concerne leurs fonctions, connaître que l'autorité administrative, et requérir leur renvoi devant elle, dans le cas où ils seraient traduits ailleurs. (*Loi du 16 fructidor an 3 — 2 septembre 1795.*)

Traduction des percepteurs en matière de délits.

329. — Les préfets sont autorisés à traduire devant les tribunaux, sans recourir à la décision du conseil d'État, les percepteurs des contributions directes, pour délits relatifs à leurs fonctions. (*Arrêté du 10 floréal an 10 — 30 avril 1802.*)

Peines encourues par les percepteurs négligens ou infidèles.

330. — Tout percepteur qui ne rend point compte de ses recettes et dépenses municipales dans les délais fixés, est dénoncé par le préfet au procureur du Roi près le tribunal civil du département, et condamné à payer, entre les mains du receveur général, par forme de consignation et suivant les cas, le cinquième du montant présumé de ses recettes, telles que les états en auront été arrêtés. (*Loi du 11 frimaire an 7 — 1er décembre 1798, art. 64 et 65.*)

Les percepteurs sont tenus de communiquer leurs rôles, sans déplacer, aux préposés de l'enregistrement, à toute réquisition, et de leur laisser prendre, sans frais, les renseignemens, extraits et copies qui leur seront nécessaires pour les intérêts de l'Etat, à peine de 50 fr. d'amende pour refus constaté par procès-verbal du préposé, qui se fait accompagner par le maire ou l'adjoint de la commune, chez le percepteur. (*Loi du 22 frimaire an 7 — 12 décembre 1798, art. 54.*)

Tout percepteur qui, dans l'exercice de ses fonctions, commet un faux, soit par fausses signatures, soit par altération des actes, écritures et signatures, soit par supposition de personnes, soit par des écritures faites ou intercalées sur des registres ou d'autres actes publics, depuis leur confection ou clôture, est puni des travaux forcés à perpétuité. (*Code pénal du 16 février 1810, art. 145.*)

Tout percepteur, tout commis à une perception, dépositaire ou comptable public, qui détourne ou soustrait des deniers publics ou privés, ou effets actifs en tenant lieu, ou des pièces, titres, actes, effets mobiliers qui étaient entre ses mains en vertu de ses fonctions, est puni des travaux forcés à temps, si les choses détournées ou soustraites sont d'une valeur au-dessus de 3,000 fr. (*Code pénal du 16 février 1810, liv. III, chap. III, art. 169.*)

La peine des travaux forcés à temps a lieu également, quelle que soit la valeur des deniers ou des effets détournés ou soustraits, si cette valeur égale ou excède soit le tiers de la recette ou du dépôt, s'il s'agit de deniers ou effets une fois reçus ou déposés, soit le cautionnement, s'il s'agit d'une recette ou d'un dépôt attaché à une place sujette à cautionnement, soit enfin le tiers du produit commun de la recette pendant un mois, s'il s'agit d'une recette composée de rentrées successives, et non sujette à cautionnement. (*Ibid., art. 170.*)

Si les valeurs détournées ou soustraites sont au-dessous de 3,000 fr., et en outre inférieures aux sommes exprimées en l'article précédent, la peine est un emprisonnement de deux ans au moins et de cinq ans au plus, et le condamné est de plus déclaré à jamais incapable d'exercer aucune fonction publique. (*Ibid., art. 171.*)

Dans les cas exprimés aux trois articles précédens, il est toujours prononcé contre le coupable une amende dont le *maximum* est le quart des restitutions et indemnités, et le *mi-*

nimum le douzième. (*Code pénal du 16 février 1810, liv. III, chap. III, art. 172.*)

Tous agens, préposés ou commis, soit du gouvernement, soit des dépositaires publics, qui ont détruit, supprimé, soustrait ou détourné les actes et titres dont ils étaient dépositaires en cette qualité, ou qui leur ont été remis ou communiqués à raison de leurs fonctions, sont punis des travaux forcés à temps. (*Ibid.*, *art. 173.*)

Tous fonctionnaires, tous officiers publics, tous percepteurs des droits, taxes, contributions, deniers, revenus publics ou communaux, et leurs commis ou préposés, qui se seront rendus coupables du crime de concussion, en ordonnant de percevoir, ou en exigeant ou recevant ce qu'ils savaient n'être pas dû pour droits, taxes, contributions, deniers ou revenus, ou pour salaires ou traitemens, sont punis, savoir : les fonctionnaires ou les officiers publics, de la peine de la réclusion, et leurs commis ou préposés, d'un emprisonnement de deux ans au moins, et de cinq ans au plus.

Les coupables sont de plus condamnés à une amende dont le *maximum* est le quart des restitutions et des dommages-intérêts, et le *minimum* le douzième. (*Ibid.*, *art. 174.*)

RECOUVREMENS.

Époque du paiement des taxes.

331. — La cotisation de chaque contribuable est divisée en douze portions égales et payables de mois en mois. Nul ne peut être contraint que pour les portions échues. (*Loi du 3 frimaire an 7 — 23 novembre 1798, art. 146.*)

Mode de recouvrement.

332. — Lorsqu'un percepteur est chargé de plusieurs communes, il est tenu de se transporter dans chacune d'elles, et d'indiquer, dans la feuille d'avertissement, le jour de la semaine où il doit s'y rendre pour faire son recouvrement. Les contribuables doivent payer immédiatement au bureau du percepteur. (*Inst. minist.*)

Rôle nécessaire pour le recouvrement.

333.—Les percepteurs ne peuvent rien exiger des contribuables qu'ils ne soient porteurs d'un rôle rendu exécutoire et publié. (*Arrêté du 16 thermidor an 8 — 4 août 1800, art.* 15.)

Paiement de la contribution foncière.

334.—La contribution foncière est payable par le propriétaire. Néanmoins, tous fermiers ou locataires sont tenus de payer, à l'acquit du propriétaire, sa contribution foncière, pour les biens qu'il aurait pris à ferme ou à loyer, et le propriétaire reçoit les quittances du montant de cette contribution, pour comptant, sur le prix des fermages ou loyers, à moins que le fermier ou locataire ne soit chargé par son bail du paiement des contributions. (*Loi du 3 frimaire an 7 — 23 novembre* 1798, *art* 147.) (1)

---

(1) Un arrêt rendu au mois de décembre 1816, par la première chambre de la Cour royale de Paris, a décidé l'importante question de savoir si la contribution foncière est actuellement imposée sur la récolte de l'année prochaine, ou sur la récolte à faire dans l'année courante.

Il y avait discussion entre le propriétaire et le fermier sur l'imputation des contributions.

L'arrêt présente pour motifs généraux ce qui suit :

« Considérant que, par la loi du 1er décembre 1790, la contribution foncière » a été établie à partir du 1er janvier 1791 ;

» Qu'ainsi, depuis son établissement, la contribution foncière est acquittée, » à compter du 1er janvier de chaque année, par avance sur les fruits à récolter ;

» Que les décisions administratives produites dans la cause n'ont pu changer » cet ordre légal ;

» Que, dans l'espèce, le fermier, ayant récolté en 1812 et 1813, justifie » avoir acquitté la contribution foncière de ces années dont il était chargé. »

En conséquence, l'arrêt, par son dispositif, a dispensé le fermier de payer pour 1814 la contribution de cette année, dont il n'a pas fait la récolte.

Il résulte de cet arrêt, que la contribution foncière d'une année est due par les récoltes de cette même année, et que le fermier, par exemple, qui a fait la récolte de 1816, est tenu de payer la contribution foncière de 1816, lorsque, d'après le bail, les contributions sont à sa charge.

Paiement de la contribution des portes et fenêtres.

535.—La taxe des portes et fenêtres est payable par le propriétaire, sauf le remboursement, par chacun de ses locataires, à raison du nombre des portes et fenêtres à son usage. (*Loi du 4 frimaire an 7 — 24 novembre* 1798, *art.* 12.)

Paiement de la contribution mobilière et des patentes.

336.— La contribution mobilière et des patentes est payable par les individus nominativement cotisés dans les rôles, sauf la garantie du propriétaire locateur dans le cas où il n'aurait point rempli les formalités requises pour être déchargé de cette responsabilité. (*Inst. min.*)

Émargement aux rôles.

337.—Les percepteurs émargent en toutes lettres, sur leurs rôles, les sommes payées en présence du contribuable, et à l'instant même qu'ils les reçoivent. Ils croisent les articles entièrement soldés et en donnent quittance aux contribuables sur papier libre et sans frais. (*Loi du 5 frimaire an 7 — 23 novembre* 1798, *art.* 140 *et* 141.)

Peine en cas de non-émargement.

338. — Tout percepteur qui n'a point émargé sur ses rôles les paiemens faits, peut être dénoncé par le maire ou par le contribuable. Il est puni correctionnellement d'une amende de dix francs au moins, et de vingt-cinq francs au plus. (*Ibid.*, *art.* 142.)

Quittance libère le contribuable.

339. — Le défaut d'émargement sur le rôle ne peut point tourner au préjudice d'un contribuable; la quittance qui lui est délivrée opère sa libération définitive. (*Décision min.*)

Journaux de recette.

340. — Les percepteurs tiennent indépendamment des rôles, un journal sur lequel ils rapportent, jour par jour, les noms des contribuables qui effectuent des paiemens, et le mon-

tant des sommes qu'ils reçoivent. Ils tiennent aussi un journal des sommes qu'ils reçoivent sur les revenus communaux, autres que ceux provenant des centimes communaux imposés additionnellement aux contributions directes. Ils font clore et arrêter ces journaux par le maire, au moins à la fin de chaque mois. (*Instruction ministérielle.*)

Journaux de recette exempts du timbre.

341. — Les journaux de recette, sont comme les registres et livres de compte relatifs à la gestion des receveurs de deniers publics, exempts de la formalité du timbre et de l'enregistrement. (*Loi du 22 frimaire an 7 — 12 décembre 1798, art. 70.*)

Surveillance prescrite aux maires.

342. — Le maire se fait représenter les rôles par le percepteur, à son bureau, toutes les fois qu'il le juge convenable, prend des relevés de l'état des recouvremens, constate les infractions à la loi, en fait le rapport au sous-préfet, et peut provoquer la vérification des rôles et de la caisse du percepteur. Cette surveillance est d'autant plus nécessaire qu'en cas de faillite et d'insolvabilité d'un percepteur, le débet est réimposé sur toute la commune, à moins que les maires ne justifient qu'il n'y a eu de leur part aucune négligence, et qu'ils ont fait exactement toutes les vérifications prescrites. (*Loi du 3 frimaire an 7 — 23 novembre 1798, art. 144.*)

Vérification des rôles et des caisses.

343. — La vérification des rôles et des caisses des percepteurs est faite par les contrôleurs ou l'inspecteur des contributions, toutes les fois qu'elle est ordonnée par un arrêté du préfet ou du sous-préfet, sur la demande du receveur général, ou du receveur particulier. (*Inst. minist.*)

Livres sommiers.

344. — Dans beaucoup de départemens, les percepteurs pour éviter le transport de leurs rôles font imprimer un livre sommier pour chaque commune, dont la perception leur est

soufflée. Ils ouvrent, sur ce livre, par ordre alphabétique, un compte à chaque contribuable, et réunissent sous son nom les cotes qu'il doit pour les différentes contributions.

Ces livres sommiers leur tiennent lieu d'un rôle unique pour les quatre contributions, et la rédaction leur en est d'autant plus facile, qu'ayant les rôles sous les yeux, ils ne peuvent se tromper sur l'identité des noms, avec lesquels ils sont familiarisés. (*Arrêtés administ.*)

Visa des livres sommiers par les maires.

345. — Pour donner à ces livres sommiers un caractère authentique, et pour empêcher que le percepteur n'y comprenne un contribuable pour une somme plus forte que celle qu'il a dans les rôles, on a pris dans beaucoup de départemens la précaution de faire revêtir ces livres d'un certificat du maire constatant que leur montant total concorde avec le montant total des rôles. (*Ibid.*)

Livres sommiers ne dispensent point des émargemens.

346. — La tenue de ces livres sommiers ne peut dispenser les percepteurs de reporter sur leurs journaux de recette les sommes qu'ils ont reçues, et de les émarger aux rôles. Cette disposition est de rigueur. (*Ibid.*)

Privilége du trésor royal pour le recouvrement des contributions directes.

347. — « Les lois anciennes avaient réglé le privilége de l'État pour chaque espèce d'imposition.

» Les lois qui ont établi les nouvelles contributions ne s'étaient pas occupées du privilége.

» Depuis, il y a eu quelques dispositions législatives, mais elles étaient partielles.

» Par exemple, la loi du 18 août 1791 avait prescrit des mesures relatives aux sommes séquestrées et déposées. Les séquestres et dépositaires ne devaient s'en dessaisir qu'après le paiement des contributions mobilière et patriotique.

» Mais cette loi antérieure à la création de quelques autres contributions n'avait pu les prévoir, et l'on paraissait douter si ses dispositions s'appliquaient indistinctement à toutes les contributions mobilières.

» La loi du 11 brumaire an 7 — 1er novembre 1798, concernant le régime hypothécaire, a déclaré que l'état aurait privilége pour l'année courante et l'année échue, mais elle ne portait que sur la contribution foncière.

» Enfin, le code civil lui-même n'a aucune disposition distincte sur les contributions. Seulement l'article 2098, établit en général un privilége en faveur du trésor royal, mais il ajoute que ce privilége et l'ordre dans lequel il s'exerce sont réglés par les lois qui les concernent.

» Ainsi nulle disposition précise sur les contributions. De là l'incertitude et la variation qu'on a remarquées dans la jurisprudence des tribunaux, et qui ont dû nécessairement influer sur la marche de l'administration ; de là la nécessité de compléter cette partie de la législation, et de déterminer invariablement le mode de l'exercice du privilége du trésor pour le recouvrement des contributions directes.

» D'abord il était juste que la durée de ce privilège ne pût pas entraver les transactions. C'est d'après cette grande considération d'ordre public que la loi du 12 novembre 1808 limite l'exercice du privilège à l'année courante et à l'année échue.

» En second lieu il était bien important de déterminer sur quelles espèces de biens le privilège pouvait être exercé. Les lois anciennes variaient sur ce point, et pour chaque espèce d'imposition. Le gouvernement a voulu dans cette partie établir des règles qui, en même temps qu'elles seraient claires et précises, n'entraînassent que les formes les plus simples et les moins onéreuses pour les débiteurs et les tiers. C'est dans cette vue que la loi a rejetté toute idée de privilège sur les immeubles. Le trésor public ne pouvant être assujetti à aucune inscription pour le recouvrement de l'année échue et de l'année courante, il était injuste que les créanciers inscrits fussent primés par des créances qu'ils ne connaîtraient pas, et qui pourraient même être postérieures en date. D'autre part il pourrait y avoir du danger à laisser aux percepteurs la faculté de vexer les redevables en intentant des procédures en expropriation forcée, ce qui pourrait arriver si le privilège s'étendait sur les immeubles.

» C'est dans cette vue que la loi a rejetté toute idée de privilège sur les immeubles. »

Le privilège du trésor royal pour le recouvrement des contributions directes est réglé ainsi qu'il suit, et s'exerce avant tout autre.

1°. Pour la contribution foncière de l'année échue et de l'année courante, sur les récoltes, fruits, loyers et revenus des biens immeubles sujets à la contribution;

2°. Pour l'année échue et l'année courante des contributions mobilière, portes et fenêtres, patentes et toute autre contribution directe et personnelle, sur tous les meubles et autres effets mobiliers appartenants aux redevables, en quelque lieu qu'ils se trouvent. (*Loi du* 12 *novembre* 1808, *art.* 1 *et* 2, et *Exposé des motifs.*)

Obligation des détenteurs de deniers.

348. — Tous fermiers, locataires, receveurs, notaires, commissaires-priseurs, et autres dépositaires et détenteurs de deniers provenant du chef des redevables et affectés au privilège du trésor royal, sont tenus, sur la demande qui leur en est faite, de payer en l'acquit des redevables et sur le montant des fonds qu'ils doivent, ou qui sont en leurs mains, jusqu'à concurrence de tout, ou partie des contributions dues par ces derniers. Les quittances des percepteurs pour les sommes légitimement dues leur sont allouées en compte. (*Loi du* 12 *nov.* 1808, *art.* 2.)

Cas où le trésor n'est qu'un créancier ordinaire.

349. — Le privilège attribué au trésor royal pour le recouvrement des contributions directes ne préjudicie point aux autres droits qu'il pourrait exercer sur les biens des redevables comme tout autre créancier. (*Ibid.*, *art.* 3.)

Demande en revendication des meubles et effets mobiliers saisis.

350. — Lorsque dans le cas de saisie de meubles et autres effets mobiliers pour le paiement des contributions, il s'élève une demande en revendication de tout ou partie des meubles et effets, elle ne peut être portée devant les tribunaux ordinaires qu'après avoir été soumise par l'une des parties intéressées à l'autorité administrative, aux termes de la loi du 5 novembre 1790.

« Un des points fondamentaux de la loi du 12 novembre 1808, c'est que le privilège ne s'étend pas sur les immeubles.

» Il est restreint, savoir : pour la contribution foncière, aux fruits et revenus des immeubles sujets à cette contribution, et pour la contribution mobilière, et toute autre contribution directe personnelle, aux meubles et autres effets mobiliers.

» Il est donc certain que respectivement à l'ancienne législation, le gage du privilège est restreint.

» Mais ce privilège, tel qu'il est limité, est absolu. Il s'exerce avant tout autre. Si le trésor n'avait pas une préférence exclusive, il serait exposé à des surprises et simulations. Il serait assujetti à faire des procédures toujours considérables.

» A la vérité les restrictions que la loi apporte à l'exercice des droits du trésor ne peuvent préjudicier aux droits qu'il peut exercer sur les biens des redevables, comme tout autre créancier ; mais hors le cas du privilège, le trésor n'est plus qu'un créancier ordinaire.

» La loi assujettit tous fermiers, locataires et dépositaires, à payer, en l'acquit des redevables et sur les fonds qui sont en leurs mains, les contributions dues par ces derniers.

» Cette disposition, qui avait déjà été consacrée par les lois anciennes et nouvelles, et notamment par l'édit de 1749 sur les vingtièmes, et par la loi du 18 août 1791, a été expressément renouvelée.

» Si elle facilite au trésor royal le recouvrement des contributions, il est certain qu'elle n'est pas moins avantageuse aux redevables; elle évite des provocations, ou interventions de la part des percepteurs pour la distribution des deniers, et tend conséquemment à diminuer les frais à la charge des débiteurs.

» Enfin la loi règle un point de compétence qui a donné lieu à plusieurs contestations.

» Il s'agissait de savoir laquelle des autorités administrative ou judiciaire devait connaître des demandes en revendication de meubles, ou autres effets mobiliers saisis pour le paiement des contributions.

» La loi décide en faveur des tribunaux, parce que ces sortes de contestations intéressent des tiers et présentent des questions de propriété.

» Seulement elle exige que les parties s'adressent préalablement à l'administration, afin qu'elle puisse apprécier la justice des réclamations et y faire droit, s'il y a lieu, sans recourir aux tribunaux ; la loi du 5 novembre 1790 exige que l'administration statue dans le mois. (*Loi du 12 novembre 1808, et Exposé des motifs.*)

Déchéance de recours.

347. — Les percepteurs qui n'ont fait aucunes poursuites contre un contribuable pendant trois années consécutives, perdent leur recours et toute action contr'eux. Après ce délai, les maires retirent les rôles des mains des percepteurs, et les déposent aux archives de la sous-préfecture. (*Loi du 3 frimaire an 7 — 23 novembre 1798, art.* 149.)

Les percepteurs perdent aussi tout recours et sont déchus de tous droits et de toute action, pour sommes restantes dues et non payées par un contribuable après trois ans de cessation de poursuites. (*Ibid., art.* 150.)

Cas de l'expropriation forcée.

348. — Le percepteur ne peut de prime abord poursuivre un contribuable, pour le paiement de sa cote foncière, par

voie de l'expropriation forcée de ses immeubles; mais si les récoltes, fruits, loyers et revenus des biens immeubles sur lesquels il a privilége, ne suffisent point pour le couvrir de la contribution foncière qui est due, si le redevable ne présente point d'autres ressources, le percepteur a le droit de poursuivre l'expropriation forcée de l'immeuble affecté à la contribution. (*Avis du conseil d'état, du 21 février 1812.*)

Autre cas d'expropriation forcée.

349. — On avait demandé d'autoriser les communes à exploiter ou à donner à bail à ferme les biens que les propriétaires auraient laissés sans culture et dont les contributions ne seraient pas acquittées. On s'appuyait des articles 65 et 66 de la loi du 3 frimaire an 7 — 23 novembre 1798.

Le conseil d'état a considéré que ces articles ne s'appliquaient qu'aux terres vaines et vagues, aux landes et bruyères et aux terrains inondés et dévastés par les eaux; que la même loi n'a aucune disposition à l'égard des terres habituellement cultivées; que les cas où les propriétaires cesseraient de les cultiver par eux-mêmes, ou de les affermer, ne peuvent être que très-rares; mais que, dans ces cas mêmes, l'article 3 de la loi du 12 novembre 1808 a pourvu aux intérêts du trésor, en lui réservant ses droits sur les biens des redevables, comme à tout autre créancier, lorsqu'il ne peut exercer son privilége sur les fruits et revenus des immeubles sujets à la contribution.

Il a été en conséquence d'avis que, dans le cas dont il s'agit, le percepteur, au nom du trésor royal, avait le droit de poursuivre l'expropriation forcée de l'immeuble affecté à la contribution. (*Avis du conseil d'état, du 21 février 1812.*)

Porteurs de contraintes.

350. — Chaque receveur particulier présente, au sous-préfet, le nombre de porteurs de contraintes nécessaire pour son arrondissement. Ils sont nommés par le sous-préfet, sauf l'approbation du préfet.

L'acte de nomination est fait en triple expédition : la première est déposée aux archives de la préfecture, la seconde aux archives de la sous-préfecture, la troisième est remise au receveur particulier de l'arrondissement, qui la remet à l'individu choisi pour remplir les fonctions de porteur de contraintes. (*Loi du 16 thermidor an 8 — 4 août 1800, art.* 22.)

Serment des porteurs de contraintes.

351. — Les porteurs de contraintes font, entre les mains du sous-préfet, le serment de fidélité prescrit par la loi; il en est fait mention sur leur commission, qui ne leur est délivrée qu'après avoir été visée par le préfet. (*Ibid., art.* 21.)

Surveillance des porteurs de contraintes.

352. — Les receveurs particuliers surveillent, par eux-mêmes, les porteurs de contraintes. Le directeur des contributions les fait surveiller par le contrôleur. Les receveurs particuliers et le directeur transmettent, au sous-préfet, les renseignemens qui leur parviennent sur la conduite des porteurs de contraintes.

Les contribuables peuvent porter leurs plaintes directement au sous-préfet, qui statue sommairement, et peut même révoquer les porteurs de contraintes; sauf, dans tous les cas, le recours au préfet. (*Ibid., art.* 25.)

Poursuites contre les porteurs de contraintes.

353. — Si les délits donnent lieu, par leur nature, à des poursuites extraordinaires, le préfet adresse les pièces aux juges compétens. (*Ibid., art.* 26.)

Cas de rébellion contre les porteurs de contraintes.

354. — Dans le cas où les porteurs de contraintes seraient injuriés, où s'il était fait rébellion contr'eux, ils se retireraient chez le maire, ou l'adjoint, pour en dresser procès-verbal. (*Ibid., art.* 24.)

Salaire des porteurs de contraintes.

355. — Le salaire des porteurs de contraintes, pour chaque

jour d'exercice, ne peut excéder deux francs, ni être au-dessous d'un franc. (*Loi du 16 thermidor an 8 — 4 août 1800, art. 27.*)

Logement et nourriture.

356. — Le contribuable chez qui un porteur de contraintes s'établit à domicile réel, lui doit, en outre, le logement et une place au feu commun. (*Ibid., art. 28.*)

Emploi des porteurs de contraintes.

357. — Lorsque le percepteur a besoin du porteur de contraintes, il lui assigne, par écrit, un jour, pour venir dans la commune, et lui remet une liste, visée par le maire, des contribuables en retard ; le porteur de contraintes distribue à chacun d'eux une sommation de payer sous trois jours. (*Ibid., art. 41.*)

Garnison à domicile.

358. — Faute d'avoir satisfait à cette sommation, le porteur de contraintes s'établit à domicile successivement chez chacun des redevables, sans pouvoir rester plus de dix jours dans une commune. (*Ibid., art. 44.*)

Obligation prescrite aux porteurs de contraintes.

359. — Le porteur de contraintes ne peut, dans aucun cas, ni sous aucun prétexte, recevoir aucune somme des contribuables, soit pour le montant de leurs cotes, soit pour les frais, sous peine de destitution, et de restitution des sommes perçues. (*Ibid., art. 40.*)

Répartition des frais.

360. — Les frais de séjour du porteur de contraintes, dans une commune, sont répartis sur tous les redevables, en proportion de leur débet. (*Ibid., art. 44.*)

Paiement des frais.

361. — Le receveur particulier paie les porteurs de contraintes, et il se fait rembourser de cette avance par le percepteur, qui en poursuit le paiement sur les redevables.

Emploi des garnisaires.

362.—Dans les départemens où le mode de porteurs de contraintes, prescrit par l'arrêté du 16 thermidor an 8 — 4 août 1800, est reconnu trop dispendieux, et pas assez expéditif, les percepteurs sont autorisés à employer la voie des garnisaires à domicile, prescrite par la loi du 17 brumaire an 5 — 7 novembre 1796. (*Inst. minist.*)

Choix des garnisaires.

363.—Les garnisaires sont choisis de préférence parmi les invalides et militaires en garnison. Le receveur général et les receveurs particuliers en ont un certain nombre à leur disposition, et ils envoient aux percepteurs ceux dont ils annoncent avoir besoin. (*Inst. minist.*)

Paiement des garnisaires.

364.—Le contribuable, chez qui un garnisaire est placé, est tenu de lui payer un franc par jour, et de lui fournir en outre le logement et la subsistance. (*Loi du 17 brumaire an 5 — 7 novembre 1796, art. 3.*)

Durée de la garnison.

365. — Le garnisaire ne peut rester plus de dix jours chez un redevable. Si celui-ci se libère le jour même où il a reçu le garnisaire, le percepteur ordonne au garnisaire de se retirer, et le contribuable paie les frais d'une journée de garnisaire. (*Ibid.*)

Paiement des garnisaires par le percepteur.

366.—Le garnisaire est payé par le percepteur. Il lui est expressément défendu de recevoir son salaire du contribuable. Il ne peut pas non plus recevoir du contribuable le montant de sa cote. Le contribuable doit se libérer directement entre les mains du percepteur ; et s'il paie au garnisaire, il s'expose à payer deux fois. (*Ibid.*)

Huissiers pour les poursuites judiciaires.

367.—Dans les départemens, où la voie seule des garnisaires est en usage, les percepteurs se servent des huissiers près les tribunaux pour les commandemens et autres actes. Cette mesure a été reconnue trop dispendieuse, et les préfets ont pris le parti d'attacher au receveur particulier de chaque arrondissement, deux porteurs de contraintes, faisant seuls les fonctions d'huissiers, auxquels ils allouent une indemnité pour leurs frais de transport, soit pour l'aller, soit pour le retour, indépendamment des frais d'actes et de séjour dans la commune. (*Arrêtés adminis.*)

Poursuites contre les redevables.

368. — Les poursuites pour le recouvrement des contributions directes, sont :

L'avertissement,

La sommation,

La contrainte,

Le commandement

La saisie,

La vente,

La saisie-arrêt entre les mains des locataires et fermiers,

L'expropriation forcée.

Avertissemens.

369. — Le premier avertissement qui doit indiquer aux contribuables la somme totale qu'ils doivent payer, tant en principal qu'en centimes additionnels, dans les contributions foncière, personnelle et mobilière, portes et fenêtres, et patentes, est rédigé à mesure que les rôles sont confectionnés, et adressé en même temps que l'ordre pour la publication de ces rôles, aux gardes champêtres ou autres, pour être exactement remis à chaque contribuable, moyennant cinq centimes pour les frais d'impression, de travail et de remise, qui sont payés par le contribuable. (*Loi sur les finances de 1817.*)

Sommations.

370. — Indépendamment de cet avertissement, le per-

cepteur est tenu de délivrer *gratis* deux sommations avant le premier acte qui doit donner lieu à des frais. (*Loi sur les finances de* 1817.)

Contrainte.

371. — Le contribuable qui ne satisfait point à ces sommations, y est contraint, et la contrainte s'exerce comme on l'a vu plus haut par la voie, soit des porteurs de contraintes, soit des garnisaires à domicile. (*Ibid.*)

Commandement.

372. — Le contribuable qui, au bout de dix jours de garnison établie chez lui, ne se libère point, reçoit un commandement. Ce commandement est fait par un huissier, assisté de deux témoins, et porte injonction de payer, dans le délai de trois jours, sous peine de saisie et vente des meubles et effets mobiliers. (*Arrêté du* 16 *thermidor an* 8 — 4 *août* 1800, *art.* 51.).

Saisie.

373. — A défaut de paiement, dans le délai de trois jours, le contribuable peut être saisi dans ses meubles et effets, et même dans les fruits pendans par racine. La saisie est faite, à la requête du percepteur, par l'huissier porteur de contraintes, assisté de deux témoins. (*Ibid.*)

Établissement de gardiens.

374. — Il ne doit être établi qu'un seul gardien des effets saisis, sauf, en cas de nécessité absolue, d'en agir autrement, et alors il en est référé au sous-préfet. (*Disp. régl.*)

Gardien volontaire.

375. — Le porteur de contraintes doit requérir le contribuable de présenter un gardien volontaire de meubles et effets saisis. Il est fait mention, dans le procès-verbal de saisie, tant de la réquisition du porteur de contraintes, que de la réponse du contribuable saisi.

Si le porteur de contraintes juge que le gardien volontaire, présenté par le saisi, est une personne solvable et domiciliée dans l'arrondissement, il l'établit gardien volontaire des meubles saisis. (*Inst. min.*)

Gardien judiciaire.

376. — Si, au contraire, le gardien volontaire présenté, paraît au porteur de contraintes, ne pas offrir une garantie suffisante des effets saisis, il peut le refuser et établir un gardien judiciaire. Dans ce dernier cas, l'exploit de saisie contient les motifs sommaires de refus du gardien volontaire et de l'établissement du gardien judiciaire. (*Ibid.*)

Frais de gardiennat.

377. — Ne sont point passés en taxe, les frais de gardiennat judiciaire, lorsque les actes qui l'ont établi ne contiennent pas l'exécution littérale des mesures ci-dessus prescrites ; ces frais restent à la charge personnelle du porteur de contraintes. (*Ibid.*)

Objets insaisissables.

378. — Ne peuvent être saisis pour les contributions et les frais des poursuites :

Les lits et vêtemens nécessaires au contribuable et à sa famille ;

Les outils et métiers, les chevaux, mulets, bœufs et autres bêtes de somme servant au labour ;

Les charrues, charrettes, ustensiles et instrumens aratoires, les harnois des bêtes de labourage ;

Il est laissé une vache à lait, et à défaut de vache, une chèvre, ainsi que la quantité de grains nécessaire à l'ensemencement des terres ;

Les abeilles, les vers à soie, les feuilles de mûriers ne sont saisissables que dans les temps déterminés par les lois, sur les biens et usages ruraux.

Le porteur de contraintes qui contrevient à ces dispositions, est condamné à cent francs d'amende. (*Arrêté du 16 thermidor an 8 — 4 août 1800, art. 52.*)

Vente.

379. — Dix jours après la clôture du procès-verbal de saisie, il est procédé à la vente des meubles et effets mobiliers; mais elle ne peut avoir lieu sans une demande expresse du percepteur et l'autorisation spéciale du préfet. (*Arrêté du 16 thermidor an 8 — 4 août 1800, art. 51.*)

Cette autorisation étant accordée, l'annonce de la vente est affichée et publiée aux lieux accoutumés, et signifiée avant le jour de l'ouverture tant à la partie saisie, qu'au gardien, par l'huissier porteur de contraintes. (*Disp. régl.*)

La vente se fait par l'huissier, porteur de contraintes, dans les formes usitées pour celles qui ont lieu par autorité de justice. (*Disp. régl.*)

L'huissier porteur de contraintes est tenu, sous sa responsabilité personnelle, de discontinuer la vente, aussitôt que le produit en est suffisant, pour solder le montant des contributions dues et des frais légalement faits. (*Disp. régl.*)

Saisie-arrêt.

380. — Lorsque le propriétaire ne réside point dans la commune de la situation du fonds imposé, il y est représenté, pour le paiement de sa cote, par un fermier ou locataire, et le percepteur exerce, en conséquence, contre ce dernier, les poursuites prescrites contre le propriétaire.

Si le propriétaire habite la même commune que son fermier ou locataire, il doit être poursuivi dans les formes ordinaires. A défaut de paiement, le percepteur procède par saisie-arrêt, entre les mains du fermier ou locataire. (*Disp. régl.*)

Par qui est faite la saisie-arrêt.

381. — La saisie-arrêt est faite par l'huissier porteur de contraintes, à la requête du percepteur. (*Disp. régl.*)

On ne peut saisir que pour la somme due.

382. — Les termes échus ou à écheoir, du fermage ou de la location, ne peuvent être saisis que jusqu'à concurrence de

la somme due par le contribuable, au moment de la saisie, et si ce montant suffit, on ne peut saisir au-delà. (*Disp. régl.*)

Cas où il y a plusieurs fermiers.

383. — S'il y a plusieurs fermiers ou locataires, le percepteur est tenu de s'adresser d'abord à celui d'entr'eux dont le prix du fermage ou du loyer, est le plus fort, et de régler ainsi, sur le plus haut prix du fermage ou de location, l'ordre des saisies successives, s'il y a lieu d'en faire. (*Disp. régl.*)

Époque à laquelle le fermier saisi peut être contraint de payer.

384. — Le fermier ou locataire ne peut être contraint au paiement des sommes, par lui dues, qu'aux époques déterminées pour le paiement de son fermage ou de son loyer. (*Disp. régl.*)

Cas de poursuites contre le fermier.

385. — Le fermier ou locataire, en retard de payer les sommes arrêtées en ses mains, est poursuivi par voie de commandement, saisie-exécution et vente dans les formes ci-dessus indiquées. (*Disp. régl.*)

Paiement des frais de poursuites.

386. — Les frais des poursuites ci-dessus, sont payés par le fermier ou locataire, sauf son recours contre le propriétaire. (*Disp. régl.*)

Du recours contre le propriétaire locataire.

387. — Le propriétaire, garant et responsable de la contribution personnelle et des patentes dues par son locataire, est poursuivi par les mêmes voies que le locataire; c'est-à-dire, par voie de garnisaire, commandement, saisie et vente;

1° Dans le cas de déménagement, ou enlèvement de meubles effectué à l'expiration du bail, ou des termes de loyer, si un mois avant cette expiration le propriétaire n'a pas eu soin d'en prévenir le percepteur, et de tirer une reconnaissance par écrit de cet avertissement;

2° En cas de déménagement furtif, si le propriétaire n'a pas eu soin de faire constater légalement, dans trois jours, ce déménagement. (*Arrêt du conseil du 9 juin 1771.*)

Poursuites contre un contribuable non-domicilié dans la commune.

388. — Lorsqu'un contribuable n'habite point la commune, dans laquelle il est cotisé pour un impôt quelconque, le percepteur peut décerner contre lui une contrainte visée par le sous-préfet de l'arrondissement où il est imposé ; et il adresse cette contrainte au préfet du département que le contribuable habite, pour la viser et à en faire suivre l'exécution. (*Disposition réglémentaire.*)

Actes non sujets au timbre ni à l'enregistrement.

389. — Le premier avertissement, les deux sommations, qui précèdent la contrainte, la contrainte portant établissement de garnisaire à domicile, sont faits sur papier libre, et ne sont sujets ni au timbre ni à l'enregistrement. (*Arrêté du 16 thermidor an 8 — 4 août 1800, art. 29.*)

Actes sujets au timbre, mais non à l'enregistrement.

390. — Les commandemens, saisie-exécution, vente, saisie-arrêt, et tous autres actes ayant pour objet le recouvrement des contributions directes, même des contributions locales, lorsqu'il s'agit de cotes de vingt-cinq francs et au-dessous, sont sur papier timbré et enregistrés gratis. (*Loi du 22 frimaire an 7 — 12 décembre 1798, art. 70.*)

Actes sujets au timbre et à l'enregistrement.

391. — Ces mêmes actes, lorsque la somme principale excède vingt-cinq francs, doivent être timbrés et enregistrés. Le droit d'enregistrement est du droit fixe d'un franc. (*Ibid., art. 68.*)

Délai pour l'enregistrement de ces actes.

392. — Le délai pour l'enregistrement de ces actes est de

quatre jours , le jour de la date n'est point compté. (*Loi du* 22 *frimaire an* 7 — 12 *décembre* 1798 *, art.* 20 *et* 25.)

Lieu où les actes doivent être enregistrés.

393. — Les actes sont enregistrés , soit au bureau de la résidence des huissiers porteurs de contraintes, soit au bureau du lieu où ils les ont faits. (*Ibid., art.* 26.)

Répertoires des huissiers porteurs de contraintes.

394. — Les huissiers porteurs de contraintes sont obligés de tenir un répertoire. Celui qui néglige de s'en pourvoir, est condamné à une amende de cinq francs pour chaque omission. (*Ibid., art.* 49.)

Les porteurs de contraintes doivent porter sur ce répertoire tous les actes de leur ministère, sujets au timbre et à l'enregistrement, soit gratis, aux termes de l'article 70 de la loi du 22 frimaire an 7, soit avec le paiement des droits, tels que les commandemens, saisie-exécution, vente, saisie-arrêt, poursuites contre les gardiens négligens ou infidèles, et tous les autres actes que les circonstances peuvent exiger. (*Instruct. du direct. gén. de l'enreg., du* 18 *février* 1808.)

Chaque article du répertoire contient :

1° Son numéro ;

2° La date de l'acte ;

3° La nature de l'acte ;

4° Les noms et prénoms des parties et leur domicile ;

5° La relation de l'enregistrement. (*Loi du* 22 *frimaire an* 7 — 12 *décembre* 1798 *, art.* 50).

Le porteur de contraintes présente , tous les trois mois , son répertoire au receveur de l'enregistrement de sa résidence, qui le vise , et énonce dans son *visa* le nombre des actes inscrits. Cette présentation a lieu , chaque année , dans les dix premiers jours de janvier, avril, juillet et octobre, à peine d'une amende de dix francs pour chaque dix jours de retard. (*Ibid., art.* 51.)

Indépendamment de la représentation ordonnée par l'article

précédent, le porteur de contraintes est tenu de communiquer son répertoire, à toute réquisition, aux préposés de l'enregistrement qui se présenteront chez lui pour le vérifier, à peine d'une amende de cinquante francs, en cas de refus. (*Loi du du 22 frimaire an 7 — 12 décembre 1798, art. 52.*)

Les répertoires des porteurs de contraintes sont visés gratuitement, pour le timbre, par les receveurs de l'enregistrement. (*Inst. du direc. gén. de l'enreg.*)

Les répertoires sont cotés et paraphés par le juge de paix du domicile du porteur de contraintes. (*Loi du 22 frimaire an 7 —12 décembre 1798, art. 53.*)

Le numéro d'ordre peut, sur le répertoire, être écrit en chiffres, mais la date des actes doit être en toutes lettres, et la relation de l'enregistrement littéralement transcrite, et non pas seulement par extrait. (*Inst. min. du 5 mai 1807.*)

Règlement des frais de poursuites.

395. Les préfets sont autorisés, sauf l'approbation du gouvernement, à régler les frais de contraintes, garnisaires, commandemens et autres poursuites en matière de contribution directes, sans néanmoins pouvoir excéder les sommes fixées par les lois pour les poursuites en matière civile. (*Loi sur les finances de 1817.*)

Dans plusieurs départemens les frais de poursuites, à partir du commandement, sont fixés comme il suit :

1° Frais de commandement; à l'huissier porteur de contraintes pour la signification de cet acte . . . » fr. 75 c.

2° Frais de saisie exécution; à l'huissier porteur de contraintes pour l'exploit de saisie . . . . 2 »

A chacun des deux témoins, à raison de 75 centim. chacun 1 50

Au gardien judiciaire, par jour 1 50

3° Frais de vente ; à l'huissier porteur de contraintes, pour signification de l'annonce de vente, tant à la partie saisie qu'au gardien 1 25

Au même, pour le procès-verbal d'affiche et sa dénonciation. . . . . 3 fr. » c¹

Au même, pour le procès-verbal de vente et les vacations, par journée. . . . . 4 »

4° Frais de saisie-arrêt ; à l'huissier, porteur de contraintes, pour chaque exploit de saisie-arrêt. . . » 75

Indépendamment de ces frais, il est dû le droit du timbre, celui de l'enregistrement et les autres déboursés légitimement faits. (*Inst. min.*)

Envoi des états des frais de poursuites.

396. — Les préfets font connaître au ministre des finances, tous les trois mois, les frais faits pendant chaque trimestre à l'occasion des recouvremens tant contre les percepteurs que contre les contribuables. À cet effet, il se font remettre par chaque sous-préfet, un état du montant des frais faits par le receveur particulier de son arrondissement ; sur les états de chaque sous-préfet, ils forment pour tout le département, l'état général qu'ils adressent au ministre. (*Inst. min.*)

MODÈLES DES DIFFÉRENS ACTES RELATIFS A LA PERCEPTION.

397. — Ces actes sont, l'avertissement, la sommation, la contrainte, etc.

I. — AVERTISSEMENT.

CONTRIBUTIONS DIRECTES. Exercice....

M.... . . . . est prévenu par cet Avertissement, qu'il est imposé aux rôles de l'exercice.... en principal et centimes additionnels, savoir :

Art... pour le foncier, à . . . .

Art.... pour le personnel et mobilier, à . . . . . .

Art.... pour les portes et fenêtres, à . . . .

Art... pour les patentes, à . . . .

TOTAL. . . . . . .

2. — SOMMATION,

M.

Vous êtes invité à ne plus différer de venir payer les termes échus de vos contributions, montant à

Je vous préviens que faute de paiement je ne pourrai, conformément à la loi, me dispenser de vous envoyer garnisaire.

Le percepteur des contributions directes,

3. — CONTRAINTE

Portant envoi de garnisaire.

M.

En conformité de l'article 5 de la loi du 17 brumaire an 5 — 7 novembre 1796, M.... recevra un soldat de la garnison auquel il sera tenu de fournir le logement, et de payer de plus un franc par jour jusqu'au paiement de la somme de montant des termes échus de sa cotisation au rôle de la contribution..... de l'an..... il est prévenu aussi de ne payer qu'entre les mains du percepteur, sous peine de nullité du paiement.

(Ici la signature du percepteur.)

4. — BILLET DU PERCEPTEUR, pour retirer le garnisaire, quand le contribuable a payé.

Le garnisaire placé chez M..... se retirera et se rendra au bureau du percepteur soussigné.

Le percepteur des contributions directes,

5. — COMMANDEMENT,

Lorsqu'au bout de dix jours de garnison, le contribuable n'a point payé.

L'an le avant midi, en exécution du rôle de la contribution pour l'an rendu exécutoire le par M. le préfet du département d poursuites et diligences du sieur   percepteur des contributions directes de la commune d   canton de   même département, qui fait élection de domicile dans son bureau à

J'ai, huissier, porteur de contraintes, nommé par arrêté de M. le sous-préfet, demeurant à   rue   fait commandement de par le roi, et intimé au sieur demeurant à   de payer dans trois jours pour tout délai, entre les mains de mondit sieur percepteur, la somme de   pour les douzièmes échus de la cote ouverte dans ledit rôle, avec déclaration qu'à défaut de paiement de ladite somme, sans préjudice des frais ci-devant faits et de tous autres légitimes et accessoires, et passé ledit délai, il y sera contraint par saisie de ses meubles et effets, et successivement par la vente d'iceux, jusqu'à concurrence du montant de ses contributions échues; et afin que ledit sieur n'en ignore, je lui ai donné et laissé copie du présent commandement, dont le coût est de   en parlant, à son domicile, à sa personne, ainsi qu'il a dit être.

---

6. — SAISIE-EXÉCUTION

DES MEUBLES ET EFFETS.

L'an   le à la requête du percepteur des contributions directes de la commune de   qui fait élection de domicile en son bureau, faute par le sieur d'avoir satisfait aux sommations réitérées et autres poursuites commandées par la loi, qui lui ont été faites pour le contraindre au paiement de la somme de montant de ses contributions échues,

Je soussigné,   huissier, porteur de contraintes, nommé par arrêté de M. le sous-préfet, accompagné des sieurs   mes assistans, déclare m'être transporté au domicile du sieur où étant, avons procédé à la saisie des meubles et effets ci après désignés, lesquels nous avons reconnus ne point être dans le cas des objets non saisissables, savoir :

avec déclaration que j'ai faite au susnommé, partie saisie, qu'à défaut par lui de donner un gardien solvable pour sûreté desdits effets, j'allais en établir un à ses frais.

7. — AUTORISATION DU PRÉFET,
Pour la saisie et vente des meubles.

Le préfet, vu la demande du sieur   percepteur des contributions directes de la commune de....   tendant à obtenir l'autorisation de faire saisir et vendre les meubles et effets du sieur...   demeurant à...   afin de paiement des sommes par lui dues pour ses contributions;

Vu la contrainte décernée et mise à exécution contre ce contribuable : vu le commandement judiciaire à lui notifié le....   par exploit de....   huissier commis à cet effet;

ARRÊTE :

Art. 1er. Le sieur....   percepteur des contributions directes est autorisé à faire vendre, dans les formes prescrites par les lois, arrêtés et réglemens relatifs au recouvrement des contributions directes, les meubles et effets du sieur   demeurant...   afin de paiement des sommes qu'il doit pour ses contributions.

Art. 2. Dans le cas où l'huissier ne pourrait exécuter sa commission par l'effet du refus d'ouverture des portes du domicile du contribuable, il en dressera un acte simple constatant ce refus, et le remettra au percepteur, lequel invitera par écrit le commissaire de police (si c'est dans une grande ville), ou le maire (si c'est dans une commune rurale), à assister à l'ouverture desdites portes.

Art. 3. A défaut de paiement dans les dix jours de la saisie à intervenir, le percepteur pourra, en vertu du présent arrêté, faire vendre les meubles et effets qui seront saisis.

Art. 4. Tous officiers civils et militaires sont invités, et en tant que de besoin, requis de prêter au percepteur aide et assistance pour que force reste à la loi.

Art. 5. Expédition du présent arrêté sera adressée au percepteur de la commune de....   chargé de son exécution.

---

8. — PROCÈS-VERBAL DE VENTE.

Extrait des registres des déclarations préalables aux ventes d'objets mobiliers.

Aujourd'hui   an   au bureau de l'enregistrement de.   a comparu le sieur   huissier, porteur de contraintes, demeurant à lequel a déclaré que demain, à huit heures du matin, il procédera, rue   à la vente des meubles et effets saisis au préjudice du sieur   demeurant à   rue   et ce à la requête du sieur   percepteur des contributions directes de la commune de   demeurant à   et a ledit sieur   signé sur le registre.

Pour copie conforme, *le receveur de l'enregistrement.*

Cejourd'hui   an   à huit heures du matin, en vertu de l'autorisation de M. le préfet du département d   en date du   et à la requête du sieur   percepteur des contributions directes demeurant à   Je soussigné, huissier, porteur de contraintes, nommé par arrêté de M. le sous-préfet, demeurant à   rue   certifie m'être, avec les témoins ci-après nommés, transporté dans le domicile du sieur   demeurant à   rue   où étant, j'ai par suite de mon procès-verbal de récolement de ce jour et en conformité de l'indication de la vente des meubles et effets par moi faite au sieur   et faute de paiement de sa part du montant de ses contributions échues, ladite vente ayant été indiquée au public par affiches, j'ai fait descendre dans la rue les meubles et effets; et j'ai, au plus offrant et dernier enchérisseur, vendu, adjugé et délivré lesdits meubles et effets, en la manière accoutumée et ainsi qu'il suit.

(*Ici la description de chaque article vendu, et le prix auquel il a été adjugé.*)

Ce fait, l'heure de six de relevée sonnée, et tous les meubles et effets compris au procès-verbal de saisie étant vendus, les deniers provenant de la présente vacation ont été retirés pardevers moi pour être remis à qui de droit, et de tout ce que dessus j'ai rédigé le présent procès-verbal, en présence des sieurs   qui ont transporté les meubles et effets dans la rue, et à qui j'ai payé la somme de   suivant leur quittance, ensuite j'ai reconnu que le montant total de la vente s'élève à

(*Signé*, l'huissier porteur de contraintes, et les deux porteurs.)

(*Ici est l'enregistrement du présent procès-verbal.*)

Au bas de ce procès-verbal est le reçu du percepteur, ainsi énoncé :

J'ai retiré des mains du sieur   huissier, porteur de contraintes, le montant de la présente vente, sur lequel je lui ai remis ses frais de vacations et déboursés, montant à la somme de

(Ici la signature du percepteur.)

9. — SAISIE-ARRÊT DE LOYER OU DE FERMAGE.

NOTE des sommes dues par M.　　　　propriétaire de la maison située à　　　　rue　　　　(ou propriétaire de fonds ruraux), situés dans la commune de

Contribution foncière. . . . .
Frais de poursuites. . . . .
Frais de la présente saisie. . . . . . .

TOTAL. . . .

L'an　　　　le　　　　à la requête de M.　　　　percepteur des contributions directes, demeurant à　　　　faite par M.　　　　propriétaire de la maison ci-dessus (ou des fonds ruraux ci-dessus) d'avoir payé la somme de provenant des termes échus de sa cotisation au rôle de ladite contribution foncière et des frais ci-dessus énoncés, je soussigné, huissier, porteur de contraintes, nommé par M. le sous-préfet, signifié à M.　　　　locataire, demeurant dans la susdite maison (ou bien au sieur　　　　fermier des biens ruraux ci-dessus, demeurant à　　　　, qu'il ait à garder pardevers lui toutes les sommes dont il est redevable à M.　　　　notamment le montant du prix de ses loyers (ou bien de ses fermages), échus ou à écheoir à l'époque du　　　　avec injonction par le présent, de verser audit jour lesdites sommes, jusqu'à concurrence de celle de　　　　entre les mains dudit percepteur, sous peine de payer deux fois, s'il verse en d'autres mains; et pour qu'il ne puisse en prétexter cause d'ignorance, je lui en ai laissé copie en parlant à　　　　avec sommation de signer le présent.

(Ici la signature du porteur de contraintes.)

Je déclare que copie du présent acte m'a été remise par le sieur　　　　porteur de contraintes.

(Ici la signature du locataire ou du fermier.)

10. — Lettre du Percepteur aux Locataires ou aux Fermiers saisis, en retard de payer.

M.

Vous êtes invité à ne plus différer de venir acquitter le montant de la saisie qui vous a été faite pour la contribution foncière de l'an   du sieur   propriétaire de la maison que vous habitez (ou propriétaire des fonds que vous tenez de lui à ferme.) Je vous préviens, que si dans trois jours vous ne l'avez acquitté entre mes mains, conformément à la saisie qui vous a été faite, je ne pourrai me dispenser de vous envoyer garnisaire.

---

11. — Avertissement au Propriétaire locateur, pour les Contributions dues par son Locataire.

M.

Vous êtes prévenu, que faute par vous d'avoir fait la déclaration prescrite du déménagement de votre locataire, et de ne pas vous être fait représenter les quittances de sa contribution personnelle et mobilière (ou de sa patente), vous en êtes personnellement garant et responsable. Vous êtes invité, en conséquence, à venir en acquitter le montant entre mes mains, faute de quoi je ne pourrai me dispenser d'exercer contre vous les mêmes poursuites que contre le locataire lui-même, sauf votre recours contre lui.

---

12. — Modèle d'un Procès-verbal de vérification de la caisse d'un Percepteur.

Je soussigné, contrôleur des contributions, en exécution de l'arrêté de M. le préfet, en date du 13 août présent mois, me suis transporté en la commune de Ruly, où, en présence de M. le maire et du sieur Joubert, percepteur à vie de cette commune, j'ai procédé à la vérification de la caisse et des rôles de ce dernier.

Il ne s'est trouvé dans la caisse du percepteur aucune somme en numéraire.

Exercices antérieurs à 1816.

M'étant assuré que le percepteur avait soldé entièrement

les exercices antérieurs, j'ai procédé à la vérification des rôles de l'exercice courant.

Rôles de l'exercice 1816.

Les rôles des quatre contributions directes de l'exercice 1816, montent à . . . . 22,450 f.

Les recouvremens, d'après les émargemens, à . . 10,900

Partant reste à recouvrer 11,550

Détails des récépissés.

10 février 1816 . . . . 1,000 f.
 7 mars 1,000
15 avril 5,000
18 mai 2,000
21 juin 2,000
11 juillet 1,000
10 août 1,940

Total des récépissés 11,940

Les recouvremens s'élèvent à 10,900
Les versemens à la caisse du receveur-général à . 11,940

Partant le percepteur est en avance de 1,040

Dans la somme versée de 11,940 fr. se trouve comprise celle de 549 fr. pour retenue du percepteur, et celle de 200 fr. pour retenue des centimes communaux. Cette dernière somme de 200 fr. sera ci-après portée dans la recette des revenus communaux.

REVENUS COMMUNAUX.

Recettes.

1° Reste disponible d'après le budget de l'année précédente . . . . 900 f.
2° Un rôle pour le garde champêtre . . 200
3° Déclarations de retenues de centimes communaux comprises dans les récépissés délivrés par le receveur particulier 300

1,400 f.

Dépenses.

D'après l'exhibition des mandats du maire et les quittances du receveur particulier, les dépenses montent à . . . . 600 f.

Partant le percepteur doit encore à la commune. 800 f.

Pour m'assurer si le percepteur a exactement versé les sommes qu'il a reçues, j'ai invité M. le maire à faire venir les contribuables que je lui ai désignés parmi ceux le plus fortement imposés, et qui, d'après les émargemens, ont payé de faibles sommes.

J'ai confronté les sommes portées sur leurs quittances avec les sommes émargées sur les rôles à leurs articles, et j'ai reconnu une parfaite conformité entre les sommes émargées et celles relatées dans les quittances.

Je me suis pareillement fait représenter le livre sommier du percepteur, et je me suis assuré que la récapitulation des cotes de tous les contribuables concordait avec le montant total des quatre rôles.

Enfin, d'après l'examen que j'ai fait des journaux de recette, j'ai reconnu qu'il y avait quelques mois dont les recettes n'avaient pas été arrêtées par M. le maire. Je l'ai invité à remplir soigneusement cette formalité, et j'ai rappelé au percepteur les lois et les instructions qui en ordonnaient la stricte exécution.

Fait et clos le présent procès-verbal que M. le maire et le percepteur ont signé avec moi,

A Ruly, le 16 août 1816.

(*Ici les signatures.*)

QUATRIÈME PARTIE.

INSTRUCTION ET JUGEMENT DES RÉCLAMATIONS.

Nature des réclamations.

397. — Quatre différentes demandes peuvent être formées en matière de contributions directes : la demande en décharge et celle en réduction ; la demande en remise et celle en modération.

Demandes en décharge et réduction.

398. — Lorsqu'un contribuable a été taxé pour un bien qu'il n'a pas, ou dans une commune qui n'est pas celle de la situation de son bien, il a droit à une décharge.

Si sa cote établie dans le rôle où elle doit l'être, est trop forte, il a droit à une réduction.

Demandes en remise et modération.

399. — Si le contribuable, justement taxé dans le principe, a perdu les revenus objets de sa taxe, il a droit à une remise.

Enfin, s'il ne perd qu'une partie de ses revenus, il n'a droit qu'à une modération. (*Inst. minist.*).

Distinction à faire entre ces différentes demandes.

400. — La décharge et la réduction sont de justice rigoureuse. Quand elles sont dues, elles ne peuvent être refusées.

La remise et la modération tiennent plus à la bienfaisance et à l'humanité, qu'à la justice distributive, et la quotité de l'allégement peut être subordonnée à la latitude du fonds de non-valeurs destiné à y pourvoir. (*Inst. min.*)

DEMANDES EN DÉCHARGE ET RÉDUCTION.

Contribution foncière.

401. — Il y a lieu à réclamation sur la contribution foncière :

Lorsqu'un contribuable est imposé pour un bien appartenant à un autre; ce qui donne lieu à une mutation de cote.

Lorsqu'il est imposé pour la même propriété dans deux communes; ce qui forme un double emploi, et donne lieu à la décharge de l'une des deux cotes.

Lorsqu'il se croit taxé dans une proportion plus forte qu'un ou plusieurs autres propriétaires de la commune où ses biens sont situés; ce qui donne lieu au rappel à l'égalité proportionnelle. (*Inst. minist.*)

Contribution personnelle et mobilière.

402. — Il y a lieu à réclamation, en matière de contribution personnelle et mobilière, lorsqu'un contribuable est taxé dans deux communes; ce qui forme un double emploi.

Lorsqu'il croit l'évaluation du loyer, qui a servi de base à sa cote, trop forte comparativement aux loyers des autres contribuables; ce qui établit une surtaxe. (*Instr. minist.*)

Portes et fenêtres.

403. — Il y a lieu à réclamation sur la contribution des portes et fenêtres :

Lorsqu'un contribuable est taxé pour un nombre de portes et fenêtres, supérieur à celui des portes et fenêtres existantes dans sa maison ;

Lorsqu'il est taxé pour des portes et fenêtres qui, d'après la loi, sont exemptes de l'impôt;

Lorsque la maison renferme des logemens qui ne sont pas occupés. (*Instr. minist.*)

Patentes.

404. — Il y a lieu à réclamation sur les patentes :

Lorsque le patentable est cotisé deux fois dans la même commune ;

Lorsqu'il est taxé au droit fixe dans deux communes ;

Lorsqu'il n'exerce point de profession sujette à patente;

Lorsqu'il y a erreur dans la désignation de la profession ;

Lorsque le loyer qui a servi de base au droit proportionnel est trop élevé. (*Inst. minist.*)

Rédaction des pétitions.

405. — Les pétitions ne peuvent réunir plusieurs natures de contributions. Il doit y avoir pour chaque contribution une pétition séparée.

Les pétitions doivent être écrites sur papier timbré. (*Loi du 13 brumaire an 7 — 3 novembre* 1798 , *art.* 12.)

Délai pour la présentation des réclamations.

406. — Les pétitions doivent être présentées dans les trois mois qui suivent la publication et la mise en recouvrement des rôles. Passé ce délai, elles ne sont plus admissibles. Les réclamans sont tenus de joindre à leurs pétitions leurs feuilles d'avertissement et la quittance des termes échus de leurs contributions. (*Loi du 2 messidor an 7 — 20 juin* 1799 , *art.* 17.)

Remises des pétitions au sous-préfet.

407. — Les pétitions sont remises au sous-préfet de l'arrondissement dans l'étendue duquel le contribuable est imposé. Le sous-préfet, après les avoir fait enregistrer , les renvoie au contrôleur. (*Arrêté du 24 floréal an 8 — 14 mai* 1800, *art.* 1.)

Communication des réclamations par le contrôleur.

408. — Aussitôt que le contrôleur a reçu une pétition, il prend l'avis du maire, s'il s'agit de la contribution des portes et fenêtres et des patentes, l'avis des répartiteurs, s'il s'agit de la contribution foncière et de la contribution personnelle et mobilière. (*Ibid.*, *art.* 4.)

A cet effet il adresse la pétition au maire avec cette suscription :

« Je prie M. le maire de communiquer cette pétition à MM. les » répartiteurs et de me la renvoyer, avec leur avis motivé, dans » dix jours au plus tard. »

Avis du contrôleur.

409. — Si le maire et les répartiteurs conviennent de la justice

de la réclamation, le contrôleur donne son avis qu'il rémet au sous-préfet, celui-ci donne le sien et envoie le tout au préfet. Le directeur fait son rapport et le conseil de préfecture prononce.

Si les répartiteurs n'adhèrent point à la demande du réclamant, le contrôleur en fait part au réclamant qui se désiste de sa réclamation, ou se pourvoit en expertise ; dans l'un ou l'autre cas, il fait son rapport qu'il envoie au sous-préfet. D'après l'avis de ce dernier, et sur le rapport du directeur, le conseil de préfecture statue. (*Arrêté du 24 floréal an 8 — 14 mai 1800, art. 4.*)

Expertise.

410. — L'expertise ne peut être refusée au réclamant, et s'il s'agit de la contribution foncière, deux experts sont nommés, l'un par le sous-préfet et l'autre par le réclamant.

S'il s'agit de la contribution mobilière, les deux experts sont nommés par le sous-préfet, (*Ibid. art. 5 et 10.*)

Récusation des experts.

411. — Ne peuvent être experts les parens en ligne directe du réclamant, ni ses parens collatéraux jusqu'au degré de cousins issus de germain inclusivement, non plus que les parens en ligne directe de son épouse même divorcée, ou les parens en ligne collatérale jusqu'au degré de cousins issus de germain inclusivement.

Si c'est la femme qui réclame, pareille exclusion est applicable au mari, même divorcé, et à ses parens. (*Loi du 2 messidor an 7 — 20 juin 1799, art. 203.*)

Ne peuvent être experts, les parens en ligne directe des contribuables dont les cotes ont été prises en comparaison, ou de leurs épouses même divorcées, leurs parens collatéraux jusqu'au degré de cousins issus de germain inclusivement, et leurs alliés au semblable degré, même du chef de leurs épouses divorcées. (*Ibid., art. 204.*)

Ne peuvent être experts, si le réclamant ou les contribuables pris en comparaison n'y consentent par écrit devant le sous-préfet, ceux qui sont actuellement en procès avec l'une desdites parties intéressées, ceux contre qui l'une des parties intéressées a obtenu un jugement en matière civile ou de simple police depuis moins de cinq ans, et ceux qui ont eu procès avec l'une des parties intéressées, en matière criminelle ou de police correctionnelle, en quelque tems que ce soit. (*Loi du 2 messidor an 7 — 20 juin* 1799, *art.* 205.)

Ne peuvent être experts, ceux qui sont propriétaires ou usufruitiers, ou fermiers dans la commune dans laquelle l'expertise a lieu. (*Ibid., art.* 206.)

Ne peuvent être experts, ceux dont les ascendans ou descendans, les frères, sœurs, oncles et neveux sont propriétaires, usufruitiers, ou fermiers dans la commune ou l'expertise doit avoir lieu. (*Ibid., art.* 207.)

Délai pour la récusation des experts.

412. — Dans les dix jours, à dater de celui où la nomination de l'expert leur a été notifiée, le réclamant et les contribuables pris en comparaison, ont droit de le récuser. (*Ibid., art.* 209.)

Récusation admise.

413. — Le sous-préfet prononce sur la récusation après l'expiration des dix jours ; si la récusation est admise, le sous-préfet nomme un autre expert, qui peut être récusé dans la même forme, s'il y a lieu. (*Ibid., art.* 211.)

Récusation non-admise.

414. — Si la récusation n'est point admise, ou s'il n'en est point fait dans le délai prescrit, ou si le nouvel expert nommé n'est point récusé, il est procédé à l'expertise. (*Ibid., art.* 212.)

Opérations des experts sur les lieux.

415. — Les experts se rendent sur les lieux avec le contrôleur et en présence de deux répartiteurs et du réclamant ou de son fondé de pouvoir, ils vérifient les revenus ou les loyers d'habitation, tant du réclamant que des individus pris pour comparaison. (*Arrêté du 24 floréal an* 8 — 14 *mai* 1800, *art.* 5.)

Procès-verbal des experts.

416. — Le contrôleur rédige un procès-verbal des experts et y joint son avis, qu'il envoie au sous-préfet ; celui-ci donne lui-même son avis et fait passer le tout au préfet.

Le préfet transmet toutes les pièces au directeur des contributions qui fait son rapport. Le conseil de préfecture prononce. (*Arrêté du 24 floréal an 8 — 14 mai 1800, art. 6 et 12.*)

Contre-vérification.

417. — Si le conseil de préfecture juge l'affaire mal instruite, ou susceptible d'une contre-vérification, cette opération est confiée à l'inspecteur, et sur son procès-verbal, le directeur rédige un nouveau rapport sur lequel le conseil de préfecture prononce. (*Inst. min. du 24 prairial an 8 — 13 juin 1800.*)

Procès-verbal des experts sujet au timbre.

418. — Les avis des répartiteurs, procès-verbaux des contrôleurs et autres actes de l'instruction sont sur papier libre; mais les procès-verbaux des experts rentrant dans la classe des actes qui doivent faire titre, ou être produits pour décharge, justification ou défense, doivent être sur papier timbré. (*Loi du 13 brumaire an 7 — 3 novembre 1798, art. 12.*)

Réglement des frais des experts.

419. — Les frais des experts sont réglés par le préfet sur l'avis du sous-préfet.

Ils sont supportés par la commune, lorsque la réclamation a été reconnue juste ; par le réclamant, lorsque la réclamation a été rejetée. (*Arrêté du 24 floréal an 8 — 14 mai 1800, art. 17 et 18.*)

Mode de paiement des frais.

420. — Les frais à la charge de la commune sont imposés sur les rôles de l'année suivante, comme charge locale.

Les frais à la charge du réclamant sont acquittés par lui, en vertu de l'ordonnance du préfet entre les mains du percepteur. (*Ibid., art. 19 et 20.*)

Avance des frais par le percepteur.

421. — Le percepteur fait néanmoins, dans tous les cas, l'avance de ces frais aux experts, sur le produit des centimes additionnels de la commune. (*Arrêté du 24 floréal an 8 — 14 mai 1800, art. 21*)

Envoi des décisions aux sous-préfets.

422. — Le préfet instruit chaque sous-préfet des décisions du conseil de préfecture relatives à son arrondissement. (*Inst. minist. du 24 prairial an 8 — 13 juin 1800.*)

Registre des décharges.

423. — Le directeur des contributions tient de son côté un registre général de toutes les décharges et réductions prononcées par le conseil de préfecture. (*Ibid.*)

Envoi des états de décharges au ministre.

424. — Le directeur des contributions envoie au ministre, le premier de chaque mois, l'état des décharges et réductions prononcées dans le mois précédent. (*Inst. min. du 6 août 1806.*)

Remboursement des ordonnances de décharge.

425. — Le montant des ordonnances de décharge sur les contributions foncière, personnelle et mobilière est réimposé au profit de ceux qui les ont obtenues. (*Arrêté du 24 floréal an 8 — 14 mai 1800, art. 14.*)

Décharges sur la contribution des portes et fenêtres.

426. — Les décharges sur la contribution des portes et fenêtres sont pareillement réimposables; mais dans le cas où le fonds des dix centimes additionnels affectés aux non-valeurs serait insuffisant pour les couvrir. (*Inst. min.*)

Décharges sur les patentes.

427. — Les décharges accordées sur les patentes sont imputées sur le fonds de treize centimes qui y est affecté. L'excédent

de ce fonds, s'il y en a un, sert à accroître les revenus communaux. (*Instr. minist.*)

Obligation de payer l'intégralité de la cote.

428. — Le rôle doit toujours recevoir son exécution, et le contribuable est tenu d'acquitter la totalité de sa cote, nonobstant toute décharge ou réduction qu'il a pu obtenir.

Ainsi le contribuable qui, imposé à 100 fr., a obtenu une décharge de 20 fr., peut être poursuivi pour le paiement intégral de sa cote. Mais cette somme étant réimposée à son profit dans les rôles de l'exercice suivant, le percepteur la lui rembourse sur les premiers deniers de ses recettes de ce même exercice, ou l'impute sur ses contributions, si le contribuable le desire. (*Arrêté du* 24 *floréal an* 8 — 14 *mai* 1800, *art.* 16.)

Fonds de non-valeurs.

429. — Il est imposé, tous les ans, un certain nombre de centimes additionnels au principal de la contribution foncière, personnelle et mobilière, à titre de fonds de non-valeurs.

Emploi du fonds de non-valeurs.

430. — Une portion du fonds de non-valeurs est à la disposition des préfets pour accorder des remises et modérations sur les contributions aux contribuables qui, bien taxés dans le principe, se trouvent, par des évènemens extraordinaires, tels que grêle, gelée, inondations, vimaires, dans l'impossibilité absolue d'acquitter leurs cotes en tout, ou en partie.

Une portion est à la disposition du ministre des finances pour être distribuée entre les départemens à titre de supplément pour les remises et modérations.

Une portion est à la disposition du ministre de l'intérieur, et spécialement destinée à des secours en argent pour pertes occasionnées par des tremblemens de terre, des incendies, inondations, épizooties. C'est au ministre de l'intérieur que les préfets doivent adresser les demandes de ce genre. (*Décret du* 11 *mai* 1808.

Remise et modération sur les contributions.

431. — Lorsqu'une commune a éprouvé des pertes de revenus par des événemens extraordinaires, tels que grêle, inondations, vimaires ; elle remet sa pétition au sous-préfet qui nomme deux commissaires pour vérifier, en présence du maire, conjointement avec le contrôleur de l'arrondissement, les faits et la quotité des pertes. Le contrôleur dresse le procès-verbal de vérification. (*Arrêté du 24 floréal an 8 — 14 mai 1800, art. 26.*)

Envoi des procès-verbaux au sous-préfet.

432. — Le contrôleur envoie les procès-verbaux de vérification au sous-préfet qui les fait passer, avec son avis, au préfet ; celui-ci les transmet au directeur des contributions. (*Ibid.*, art. 27.)

Distribution du fonds de non-valeurs.

433. — A la fin de l'année, lorsque le directeur a réuni tous les procès-verbaux de vérification, il dresse un état des remises à accorder à chaque contribuable. Cet état est soumis à l'approbation du préfet. Les ordonnances sont expédiées au profit de chaque partie intéressée. L'état général de distribution du fonds de non-valeurs est mis par le préfet sous les yeux du conseil-général. (*Ibid., art. 28.*)

Maximum du dégrevement.

434. — Le dégrevement accordé à un contribuable ne peut, en aucun cas, être supérieur au montant de sa cote. (*Inst. min. du 2 février 1808.*)

Cotes irrecouvrables.

35. — Le fonds de non valeurs peut également servir à couvrir les non-valeurs régulièrement constatées et résultantes des cotes dues par des individus notoirement insolvables.

Le percepteur peut se borner à en fournir un état pour éviter les frais qu'entraînent des procès-verbaux de carence, et qui, en définitif, retomberaient à sa charge. (*Ibid.*)

Les répartiteurs donnent leur avis sur chaque article ; le contrôleur y joint le sien, et le directeur se trouve ainsi en état, dans son rapport au préfet, de distinguer celles de ces cotes irrecouvrables qui sont de nature à être réimposées, et celles dont le montant peut être justement imputé sur le fonds des remises et modérations. La détermination du préfet se règle en conséquence. (*Inst. min. du 29 juillet* 1806.)

Excédant du fonds de non-valeurs.

436. — Si, après la distribution du fonds de non valeurs, quelques sommes peuvent rester encore disponibles, l'emploi ne peut en être fait qu'avec l'autorisation du roi. Soit qu'elles paraissent aux préfets devoir être accordées en secours effectifs, soit qu'il leur paraisse préférable de les consacrer à des objets d'utilité publique, les préfets soumettent leurs propositions au ministre des finances qui prend les ordres du roi et les leur transmet. (*Instr. minist. du 2 février* 1808.)

Envoi des états au ministre.

437. — Le préfet fait passer au ministre des finances les états nominatifs, par arrondissemens et par communes, des individus qui ont participé à cette distribution, ainsi que les certificats des maires qui en attestent la publication à l'issue de la messe paroissiale. (*Inst. minist. du 2 février* 1808.)

Rédaction des états nominatifs.

438. — Les états nominatifs de distribution sont rédigés par le directeur des contributions, et certifiés par le préfet. (*Inst. min. du 29 juillet* 1806.)

Expédition des ordonnances.

439. — Les ordonnances de décharge ou réduction, remise ou modération, sont rédigées par le directeur des contributions, et signées par le préfet. (*Arrêté du 24 floréal an* 8 — 14 *mai* 1800, *art.* 22.)

Remise des ordonnances.

440. — Le préfet renvoie les ordonnances signées au percep-

teur qui les fait passer au receveur particulier de l'arrondissement. Celui-ci les transmet au percepteur. (*Arrêté du 24 floréal an 8 — 14 mai 1800, art. 23.*)

Rentrée des ordonnances chez les percepteurs.

441. — Le directeur des contributions prévient, par une lettre d'avis, les contribuables, des dégrèvemens qu'ils ont obtenus, et les invite à passer au bureau du percepteur pour acquitter les ordonnances. (*Décret du 1er juillet 1809.*)

Avis du percepteur.

442. — Si, dans les quinze jours de la réception des ordonnances au bureau du percepteur, les parties intéressées, ou leur fondé de pouvoir, ne se sont point présentés pour donner leur acquit, le percepteur leur en réitère l'invitation par une lettre et leur fixe, pour se rendre à son bureau, un délai de quinze jours. (*Ibid., art. 2.*)

Mesures en cas de non comparution du contribuable.

443. — Si les parties intéressées ne défèrent pas à ce nouvel avis, le percepteur requiert le contrôleur des contributions de se transporter au bureau pour vérifier les ordonnances.

Le contrôleur se fait représenter toutes les ordonnances qui, pour cause d'absence, de décès ou tout autre motif, n'auraient pu être quittancées par les contribuables au profit de qui elles ont été délivrées, en fait faire l'émargement aux rôles, si déjà elles n'ont pas été émargées, et certifie que cet émargement a eu lieu. Ces ordonnances sont ensuite présentées, par le percepteur, au maire, pour être par lui visées. (*Ibid., art. 3, 4 et 5.*)

Ordonnances donnant lieu à restitution.

444. — Si les ordonnances donnent lieu à restitution au profit du contribuable, la somme à restituer est versée par le percepteur au receveur d'arrondissement, et par celui-ci au receveur général, comme fonds de non-valeurs sans destination, le receveur général en fournit son bon à vue qui est porté en recettes diverses

au trésor royal. La quittance donnée par le receveur général opère la décharge du receveur de l'arrondissement. (*Décret du* 1er *juillet* 1809, *art.* 6.)

Ordonnances ne donnant pas lieu à restitution.

445. — Si les ordonnances ne donnent pas lieu à restitution, elles sont versées, par les percepteurs, au receveur d'arrondissement, et, par celui-ci, au receveur général qui leur en donne récépissé et les emploie dans ses comptes. Elles lui sont allouées en compte, pourvu qu'elles soient régularisées conformément aux articles précédens, et qu'elles aient été, en outre, visées par le directeur des contributions, auquel le receveur général doit les représenter. (*Ibid.*, *art.* 7.)

MODÈLES D'ORDONNANCES.

| DÉPARTEMENT
d | **CONTRIBUTION** | EXERCICE |

LE PRÉFET DU DÉPARTEMENT

ARRONDISSEM.
d

COMMUNE
d

ORDONNANCE
de
réimposition de
la somme de
sur l'exercice

Je reconnais que le
Percepteur m'a tenu
compte de la somme
portée en la pré-
sente ordonnance.

DÉCISION DU CONSEIL DE PRÉFECTURE.

Séance du

Le Conseil de Préfecture,

Vu la pétition du sieur   tendant à

Et les avis du contrôleur des contributions, du sous-préfet et du directeur,

Décide que la cote du sieur   portée en principal et centimes additionnels dans le rôle de la contribution   de l'exercice article   à . . . . est . . . .

En conséquence, accorde décharge de. .

En vertu de la décision ci-dessus, le Préfet arrête que la somme de   sera réimposée au profit du sieur   dans le rôle de la contribution   de l'exercice

Enjoint à cet effet au percepteur qui sera chargé du recouvrement de ladite réimposition, de rembourser la somme ci-dessus.

Fait à   le

<table>
<tr><td>

DÉPARTEMENT
d

ARRONDISSEM.
d

COMMUNE
d

ORDONNANCE
de décharge de la
somme de

Je reconnais que le
Percepteur m'a tenu
compte de la somme
portée en la pré-
sente ordonnance.

</td><td>

CONTRIBUTION DES PORTES ET FENÊTRES.

EXERCICE

Le Préfet du département,

Vu la décision du Conseil de Préfecture, en date du   portant que la taxe ouverte au sieur   dans le rôle des Portes et Fenêtres de l'exercice   de la commune de   et montant à   sera

Arrête que la somme de   tombant en décharge, sera passée en non-valeurs dans le rôle des Portes et Fenêtres de l'exercice   de la commune de   imputée sur le fonds de dix centimes destiné aux dégrèvemens, et allouée au percepteur, ainsi qu'au receveur général, en rapportant la présente quittance acquittée.

Fait à   le

</td></tr>
</table>

<table>
<tr><td>

DÉPARTEMENT
d

ARRONDISSEM.
d

COMMUNE
d

ORDONNANCE
de décharge de la
somme de

Je reconnais que le
Percepteur m'a tenu
compte de la somme
portée en la pré-
sente ordonnance.

</td><td>

CONTRIBUTION DES PATENTES.

EXERCICE

Le Préfet du département,

Vu la décision du Conseil de Préfecture, en date du   portant que la taxe ouverte au sieur   dans le rôle des Patentes de l'exercice   de la commune de   article   et montant à   sera

Arrête que la somme de   tombant en décharge, sera passée en non-valeurs dans le rôle des Patentes de la commune de   imputée sur le fonds destiné aux dégrèvemens, et allouée au percepteur, ainsi qu'au receveur général, en rapportant la présente ordonnance acquittée.

Fait à   le

</td></tr>
</table>

DÉPARTEMENT
d

ARRONDISSEM.
d

COMMUNE
d

ORDONNANCE
de maintenue
de taxe.

CONTRIBUTION

EXERCICE

LE PRÉFET DU DÉPARTEMENT

DÉCISION DU CONSEIL DE PRÉFECTURE.

Séance du

LE Conseil de Préfecture,

Vu la pétition du sieur   tendant à

Et les avis du directeur des contributions, du sous-préfet et du directeur,

Décide que la cote du sieur   portée dans le rôle de la contribution   de l'exercice   article   est maintenue, attendu , etc.

Le Préfet du département,

Vu la décision ci-dessus, arrête qu'elle aura sa pleine et entière exécution, et qu'en conséquence, le sieur   sera tenu d'acquitter le montant total de sa taxe au rôle de la contribution de l'exercice

Fait à   le

<table>
<tr><td>

DÉPARTEMENT

d

ARRONDISSEM.

d

COMMUNE

d

ORDONNANCE
de réimposition
au profit du per-
cepteur, de la
somme de . . .
sur l'exercice...

</td><td>

CONTRIBUTION

EXERCICE

LE PRÉFET DU DÉPARTEMENT

DÉCISION DU CONSEIL DE PRÉFECTURE.

Séance du

Le Conseil de Préfecture,

Vu l'état présenté par le percepteur de la commune de　　　　　des cotes dont il n'a pu opérer le recouvrement sur la contribution de l'exercice

Vu les avis du contrôleur des contributions, du sous-préfet et du directeur,

Décide que les cotes dont il s'agit, montant à la somme de . . . . sont annullées ;

En conséquence, accorde décharge de

En vertu de la décision ci-dessus, le Préfet arrête que la somme de　　　　　sera réimposée au profit du percepteur, dans le rôle de la contribution　　　　　de l'exercice

Enjoint à cet effet au percepteur qui sera chargé du recouvrement de ladite réimposition, de rembourser la somme ci-dessus au percepteur réclamant. La présente ordonnance sera accompagnée d'un état desdites cotes irrecouvrables, signé du percepteur et du maire.

Fait à　　　　　le

</td></tr>
</table>

DÉPARTEMENT
d

CONTRIBUTION

EXERCICE

ARRONDISSEM.
d

COMMUNE
d

AUTRE
ORDONNANCE
de réimposition
au profit du per-
cepteur.

Le Préfet du département,

Vu la décision du Conseil de Préfecture, en date du   portant que les cotes des contribuables ci-après dénommés, dont le percepteur de la commune de   n'a pu faire le recouvrement sur le rôle de la contribution de l'exercice   seront annullées et réimposées a son profit :

ARTICLES DU RÔLE.	NOMS DES CONTRIBUABLES.	SOMMES tombant EN DÉCHARGE.

CERTIFICAT
d'émargement.

Je soussigné, maire de la commune d   certifie que les sommes portées dans la présente ordonnance ont été émargées au rôle, en ma présence, à l'article des contribuables y dénommés, et qu'il n'a été payé par eux aucun à-compte depuis la confection de l'état de cotes irrecouvrables fourni par le percepteur.

Arrête que la somme de   sera réimposée au profit du percepteur, dans le rôle de la contribution   de l'exercice de la commune de

Enjoint à cet effet au percepteur chargé du recouvrement de ladite réimposition, de rembourser au percepteur réclamant la somme ci-dessus. La présente ordonnance sera revêtue du certificat du maire de la commune, constatant l'émargement au rôle de la somme y portée.

Fait à   le

<table>
<tr><td>

DÉPARTEMENT
d

——————

ARRONDISSEM.
d

——————

COMMUNE
d

⌣⌣⌣

ORDONNANCE
pour le paiement
des frais d'exper-
tise à la charge
d'un contribua-
ble.

</td><td>

LE PRÉFET DU DÉPARTEMENT,

Vu le procès-verbal d'expertise dressé par les sieurs   experts, en suite de la demande formée par le sieur   en réduction de sa cote au rôle de la contribution foncière de l'exercice   de la commune de

Vu la décision du Conseil de Préfecture, en date du   portant qu'il n'y a lieu à faire droit sur cette demande, et règle à la somme de   les honoraires dus à chacun des deux experts pour leurs vacations ;

Vu les articles 18, 20 et 21 de l'arrêté du 24 floréal an 8 — 14 mai 1800 ;

Considérant que la réclamation du sieur   ayant été reconnue mal fondée, les frais d'expertise auxquels elle a donné lieu doivent être à sa charge ;

Mande au percepteur de la commune de   porteur du rôle de   de faire aux sieurs   experts, l'avance de la somme de   à laquelle ont été réglés les frais d'expertise, sauf à en poursuivre le remboursement contre le sieur   de la même manière que pour le montant de sa cote.

Fait à   le

</td></tr>
</table>

———————

<table>
<tr><td>

DÉPARTEMENT
d

——————

ARRONDISSEM.
d

——————

COMMUNE
d

⌣⌣⌣

ORDONNANCE
pour l'imposi-
tion des frais
d'expertise sur
la commune.

</td><td>

LE PRÉFET DU DÉPARTEMENT,

Vu le procès-verbal d'expertise dressé par les sieurs   experts, en suite de la demande formée par le sieur   en réduction de sa cote au rôle foncier de l'exercice   de la commune de

Vu la décision du Conseil de Préfecture, en date du   qui prononce la réduction demandée et règle à la somme de   les honoraires dus à chacun des deux experts pour ses vacations ;

Vu les articles 18 et 19 de l'arrêté du 24 floréal an 8 — 14 mai 1800 ;

Arrête que la somme de   sera imposée au profit des sieurs   experts, dans le

</td></tr>
</table>

rôle   de l'exercice   de la commune
d

Enjoint à cet effet au percepteur qui sera chargé du recouvrement de ce rôle, de payer aux sieurs   la somme ci-dessus.

Fait à   le

DÉPARTEMENT
d

ARRONDISSEM.
d

COMMUNE
d

Je reconnais que le percepteur de la commune d   m'a tenu compte de la somme portée en la présente ordonnance.

CONTRIBUTION

AN

ORDONNANCE DE REMISE et MODÉRATION.

Le Préfet du département

Vu la pétition présentée par le sieur tendant à modération,

Et l'avis du directeur sur la demande,

Arrête que la cote du sieur portée dans le rôle de contribution de l'an   , à la somme de . . . . est modérée à celle de . . . .

Et que la somme de

en principal et centimes additionnels, sera imputée sur les fonds de non-valeurs de l'an

Enjoint, à cet effet, au percepteur chargé du recouvrement, de recevoir pour comptant la présente ordonnance.

Fait à   le

LETTRES D'AVIS DU DIRECTEUR
AUX CONTRIBUABLES.

M

J'ai l'honneur de vous donner avis que je viens d'adresser au percepteur de votre arrondissement, l'ordonnance rendue par M. le préfet, d'après décision du conseil de préfecture, sur la réclamation que vous avez faite contre votre taxe au rôle de la contribution

Il résulte de cette décision, que votre contribution portée au rôle, tant en principal qu'en centimes additionnels, à la somme totale de . . . .
est . . . .
et qu'en conséquence il vous est accordé décharge de la somme de . . . .

Vous voudrez bien vous rendre le plutôt possible chez le percepteur, pour quittancer l'ordonnance qui vous a été accordée : cette formalité est indispensable pour assurer la jouissance de votre dégrèvement.

Votre pétition reste à la préfecture. Je joins ici les pièces qui l'accompagnaient.

Le directeur des contributions.

M.

J'ai l'honneur de vous donner avis que, par décision du conseil de préfecture, rendue sur la réclamation que vous avez adressée à M. le préfet, votre taxe au rôle de la contribution

a été maintenue comme régulièrement établie.

Votre pétition est restée à la préfecture. Je joins ici les pièces qui l'accompagnaient.

Le directeur des contributions.

MODÈLES DE RAPPORTS.

On a inséré ici quelques modèles de rapports pour les contrôleurs, moins comme des modèles de rédaction, que pour leur indiquer la forme dans laquelle les rapports doivent être faits. Ils ne sauraient en général être écrits avec trop de soin, et présenter les faits avec trop d'exactitude. Les conclusions doivent être bien motivées, afin d'éclairer la religion du conseil de préfecture, et d'éviter les lenteurs qu'entraînent le renvoi des affaires et les demandes de nouveaux éclaircissemens.

RAPPORT DU CONTROLEUR.

CONTRIBUTION FONCIÈRE, AN

Demande en réduction.

Cote. . . . .

Le sieur Abraham expose que son revenu porté à 2,000 fr. dans le rôle foncier de l'an   de la commune d est hors de toute proportion avec l'évaluation des revenus des autres propriétés de la commune.

Il demande que ce revenu soit réduit à 1,600 fr.

Les répartiteurs reconnaissent que, comparaison faite des biens du réclamant avec ceux de même nature, ils sont réellement sur-évalués, et que leur revenu, pour être dans la proportion générale, doit être réduit à 1,600 fr.

Le contrôleur, d'après les renseignemens qu'il s'est procurés par lui-même, sur le véritable revenu du réclamant, partage l'avis des répartiteurs, et conclut à ce que le revenu imposable du sieur Abraham pour l'an   soit réduit à 1,600 fr.

RAPPORT DU CONTROLEUR.

CONTRIBUTION FONCIÈRE, AN

Demande en décharge pour maison inhabitée.

Cote. . . . .

Le sieur Claude Rozier expose qu'il a été imposé pour une maison dont il est propriétaire, à raison d'un revenu de 1,200 fr.

Il demande la décharge de sa cote, attendu que sa maison a été entièrement inhabitée.

Les répartiteurs se sont assurés de l'inhabitation de cette maison, et estiment que la décharge de l'imposition est de toute justice.

L'article 84 de la loi du 3 frimaire an 7 (23 novembre 1798) porte que les maisons qui auront été inhabitées toute l'année, à partir du premier jour de l'an, seront cotisées seulement à raison de leur superficie.

Le contrôleur pourrait, d'après cet article de la loi, proposer de n'imposer la maison du réclamant, dans le rôle de l'année prochaine, qu'à raison du sol seulement, et le réclamant obtiendrait ainsi toute la justice qui lui est due.

Mais les inhabitations totales ou partielles des maisons pouvant motiver une remise, ou une modération en faveur du propriétaire, et le fonds des remises et modérations étant suffisant, le contrôleur propose de réduire la cote du réclamant d'après le revenu du sol qu'il occupe et de lui accorder la remise du surplus, qui sera imputé sur le fonds de non-valeurs.

RAPPORT DU CONTROLEUR.

CONTRIBUTION FONCIÈRE, AN

Mutation de cote.

Cote. . . . .

Le sieur Jean Dulac expose que c'est sans doute par erreur qu'il a continué d'être imposé au rôle foncier de l'an
de la commune d   pour un bien qu'il a vendu, et qui appartient à Pierre Dulac son frère.

Il demande que cette cote soit reportée sur le véritable propriétaire.

Les répartiteurs observent que c'est faute de déclaration de la part du sieur Jean Dulac qu'il a continué d'être imposé pour le bien qui ne lui appartient plus, et pensent au surplus qu'il est juste que la cote soit reportée sur Pierre Dulac et acquittée par lui, puisqu'il est le véritable propriétaire.

Le contrôleur, en conséquence de cet avis, conclut à ce que la mutation de cote demandée par le sieur Jean Dulac ait lieu, et que le sieur Pierre Dulac soit tenu de l'acquitter entre les mains du percepteur qui en poursuivra sur lui le recouvrement.

RAPPORT DU CONTROLEUR.

CONTRIBUTION FONCIÈRE, AN

Division de cote.

Le sieur Jacques Crosier expose qu'il a été cotisé au rôle foncier de l'an   de la commune de   pour la totalité d'un bien dont il ne possède que les deux tiers, et dont l'autre tiers appartient au sieur Louis Noel.

Il demande de n'être tenu de payer que la cote afférente à la portion de revenu qui lui appartient réellement.

Les répartiteurs observent qu'il ne s'agit ici que d'une division de cote, et qu'il est juste de l'accorder, d'après la certitude qu'ils ont acquise que la propriété appartient au sieur Jacques Crosier et au sieur Louis Noel dans la proportion établie par le réclamant.

Le contrôleur, en conséquence de l'avis des répartiteurs, conclut à ce que la cote de 600 fr. établie sous le nom du sieur Jacques Crosier, soit divisée et portée pour 400 fr. sous son nom, et pour 200 fr. sous le nom du sieur Louis Noel, et que cette division de cote soit notifiée au percepteur à l'effet d'en poursuivre le recouvrement.

RAPPORT DU CONTROLEUR.

CONTRIBUTION FONCIÈRE, AN

Double emploi.

Cote à Clugny . . . . 200 fr.
Cote à Milly, ... 300

Le sieur Nicolas Forestier expose qu'il est cotisé dans le rôle foncier de l'an   des communes de Clugny et de Milly.

Il réclame contre ce double emploi, et demande la décharge de l'une de ces deux cotes.

Les répartiteurs des deux communes soutiennent que les fonds dont il s'agit ont de tout temps fait partie de leur territoire, et doivent continuer d'y rester imposés.

Le contrôleur, qui s'est transporté sur les lieux, a reconnu que le double emploi ne provenait que de l'incertitude où sont les deux communes sur leurs limites. Les difficultés à cet égard ne sont pas encore applanies. Le contrôleur a essayé de les lever et de concilier les deux maires. Ses efforts ont été inutiles. Il propose en conséquence de nommer des commissaires à l'effet de se rendre sur les lieux, et dans le cas où les communes n'auraient aucun titre à présenter à l'appui de leurs prétentions respectives, de fixer une ligne de démarcation qui prévînt à l'avenir toute contestation. La délimitation une fois arrêtée, il sera facile de décider dans laquelle des deux communes le bien du sieur Forestier doit être imposé.

CONTRIBUTION FONCIÈRE.

Prise en comparaison.

Lorsque les répartiteurs n'adhèrent point à la réclamation d'un contribuable, le contrôleur lui en donne avis et le prévient qu'aux termes de la loi il peut prendre quelque propriétaire en comparaison.

Le contribuable, s'il le juge à propos, désigne les individus auxquels il prétend se comparer, comme étant moins taxés que lui. Il nomme en même temps un expert.

Le contrôleur en fait nommer un par le préfet, et l'on procède à l'expertise.

Procès-verbal d'expertise rédigé par le contrôleur sur une demande de prise en comparaison.

Je soussigné, contrôleur des contributions, ensuite de la réclamation du sieur Guichard, propriétaire à Nuelles, qui demande que le revenu imposable de ses fonds, porté à 600 fr., soit de nouveau évalué comparativement au revenu des biens du sieur Dulau, porté à 800 fr., me suis transporté avec le sieur N...., expert nommé par le préfet, et le sieur N . . . , expert nommé par le réclamant.

Nous avons donné connaissance au maire de notre mission, et l'avons invité à nous accompagner, à désigner deux répartiteurs, dont la présence est exigée par la loi, et à nous remettre les états de sections, matrices, et autres renseignemens propres à nous éclairer sur les bases du classement et des évaluations des fonds de la commune.

Munis de toutes ces pièces, assistés du maire, et de deux répartiteurs, en l'absence du réclamant, quoique dûment averti de se trouver à l'expertise, les experts se sont transportés successivement sur les fonds des deux parties.

(Ici détailler l'opération des experts, pour établir le véritable revenu des parties.)

En résumé, les experts, toute vérification faite, ont reconnu que le revenu des biens du sieur Guichard était de 700 fr., et celui des biens du sieur Dulau de 1,200 fr.

Le maire et les deux répartiteurs n'ont trouvé aucun inconvénient à ce que cette estimation fût adoptée.

Fait à   le

(*Ici la signature des deux experts, du maire et des deux répartiteurs.*)

AVIS DU CONTRÔLEUR.

Il résulte de cette opération, que le revenu du sieur Dulau, qui est de 1,200 fr., n'ayant été porté, dans la matrice, qu'à 800 fr., a été baissé d'un tiers.

Le revenu véritable du sieur Guichard n'étant, d'après les experts, que de 700 fr., doit être baissé d'un tiers, pour être dans la même proportion, et réduit conséquemment à 467 fr.

Le contrôleur est en conséquence d'avis que la cote du sieur Guichard soit établie d'après ce dernier revenu de 467 fr., au taux commun des autres cotes de la commune; que la décharge qui en résultera soit réimposée sur toute la commune, sans en excepter le sieur Guichard, et que son revenu, sur la matrice de l'année prochaine, soit porté à 467 fr.

(*Ici la signature du contrôleur.*)

CONTRIBUTION PERSONNELLE ET MOBILIÈRE.

Prise en comparaison.

Lorsque sur une demande en réduction de cote mobilière, les répartiteurs n'y adhèrent point, le réclamant peut demander que son loyer d'habitation soit évalué par comparaison avec les loyers d'autres contribuables.

Un réclamant est censé avoir usé de ce droit. Les deux experts ont été nommés par le sous-préfet : ils ont terminé leur opération. Le contrôleur rédige le procès-verbal.

Procès-verbal d'expertise, rédigé par le contrôleur, sur une demande de prise en comparaison.

Je soussigné, contrôleur des contributions, ensuite de la réclamation du sieur Claude Nolac, qui demande que son loyer d'habitation, porté à 500 fr.,

Soit évalué de nouveau comparativement au loyer d'habitation du sieur Berger, qui n'a été passé qu'à 300 fr., me suis transporté en la commune, accompagné des sieurs N. et N., experts nommés par le sous-préfet.

Nous avons invité le maire à nous accompagner, à désigner deux répartiteurs dont la présence est exigée par la loi, et à nous donner tous les renseignemens propres à nous éclairer sur les bases qui ont servi à la fixation des loyers d'habitation de la commune.

Les experts, assistés du maire et des deux répartiteurs, accompagnés du réclamant et du contribuable pris en comparaison, ont procédé à l'estimation des loyers des deux parties.

(Ici détailler l'opération des experts.)

En résumé, les experts ont reconnu que le loyer véritable du sieur Berger était de 600 fr., et celui du sieur Nolac de 400 fr.

Le maire et les répartiteurs ont consenti à cette nouvelle évaluation.

Fait à . . . .

(Ici les signatures du maire, des deux répartiteurs, et des deux experts.)

AVIS DU CONTRÔLEUR.

Le loyer du sieur Berger, qui est réellement de 600 fr., n'ayant été porté sur la matrice qu'à 300 fr., a été baissé de moitié.

Le loyer du sieur Nolac, qui est de 400 fr., doit être baissé de moitié, pour être dans la même proportion, et conséquemment réduit à 200 fr.

Le contrôleur est en conséquence d'avis que la cote mobilière du sieur Nolac pour l'an . . . . ., soit établie d'après un loyer de 200 fr., et que la décharge à intervenir soit réimposée sur toute la commune, sans en excepter le sieur Nolac.

(Ici la signature du contrôleur.)

RAPPORT DU CONTROLEUR.

CONTRIBUTION PERSONNELLE ET MOBILIÈRE.

Double emploi.

Cote à Sucy. . . . . 70 fr. Loyer. 400 fr.
Cote à Boissy. 60   Loyer. 800

Le sieur Layer représente qu'il est cotisé dans les rôles de la contribution personnelle et mobilière de l'an   , des communes de Sucy et Boissy.

Il réclame contre ce double emploi, et demande la décharge de l'une des deux cotes.

Les répartiteurs de Sucy observent que le sieur Layer a de tout temps résidé dans leur commune, qu'il y a été constamment imposé, et qu'il n'a fait aucune déclaration de changement de domicile.

Les répartiteurs de Boissy observent de leur côté que le sieur Layer vient habiter leur commune, pendant plus de six mois, avec sa famille, qu'il y a une maison montée, qu'il y jouit de la plus grande aisance, et qu'il est naturel qu'il participe aux charges communes à tous les habitans.

Le contrôleur s'est assuré, d'après les renseignemens qu'il a pris sur les lieux mêmes, que le sieur Layer se rendait alternativement dans les deux communes, où il résidait plus ou moins long-temps, soit pour ses affaires, soit pour ses plaisirs, et que pendant son séjour dans l'une et l'autre commune, il tenait un état de maison également conforme à sa fortune.

Il pense que c'est le cas d'appliquer la loi du 21 ventôse an 9—12 mars 1801, qui veut que l'impôt se paye dans le lieu de l'habitation dont le loyer est le plus cher.

Il conclut en conséquence à ce que la cote du sieur Layer à Sucy soit maintenue, et que celle ouverte à Boissy soit annullée.

RAPPORT DU CONTROLEUR.

Portes et fenêtres, An . . .

Huit fenêtres de premier et deuxième étages . . . . .
Six fenêtres de troisième étage . . . .
Une porte cochère . . . .

Total de la cote . . . .

Le sieur Lacy expose que le nombre de fenêtres pour lesquelles il a été cotisé, n'existe point, et que sa maison ne comprend que

Quatre fenêtres au premier étage,
Deux fenêtres au deuxième étage,
Deux fenêtres au troisième étage.

Le maire expose qu'il y a en effet une erreur dans le recensement, et que la maison du réclamant ne contient réellement que les fenêtres qu'il déclare.

Le contrôleur s'est assuré par lui-même de l'exactitude du fait;

et conclut à ce que la cote du sieur Lacy soit réduite d'après six fenêtres de premier et deuxième étages, deux fenêtres au troisième étage, et une porte cochère.

RAPPORT DU CONTROLEUR.

Portes et fenêtres, An . . . . . .

Douze fenêtres de premier et deuxième étages . . .
Dix fenêtres de troisième étage . . . .
Une porte d'entrée simple . . . .

            Total de la cote . . . .

Le sieur Rollin expose que deux appartemens au troisième étage sont restés vacans pendant toute l'année, et demande la décharge de la contribution relative aux fenêtres que ces deux appartemens renferment.

Le maire certifie que le fait est vrai, et pense que la décharge demandée est de toute justice.

Le contrôleur, qui s'est transporté dans la maison du réclamant, s'est assuré qu'en effet deux logemens du troisième étage sont restés inhabités, et que ces deux logemens contiennent six fenêtres ; le propriétaire n'ayant point de locataire contre lequel il puisse exercer son recours pour les six fenêtres dépendantes de ces logemens, est d'avis qu'il y a lieu à en accorder la décharge, et que la cote doit être réduite d'après

Douze fenêtres de premier et deuxième étages,
Quatre fenêtres de troisième étage,
Une porte d'entrée simple.

RAPPORT DU CONTROLEUR.

Patentes, An . . . . . .

Taxe à Soleure . . . . 145 fr.
Taxe à Montfort . . . . 80 "

Le sieur Jacques Neuville expose qu'au 1er janvier il était domicilié à Soleure, où il a été taxé dans le rôle des patentes comme marchand de vin en gros ;

Qu'au 1er juillet il a quitté Soleure pour aller résider et s'établir à Montfort, où il a été taxé, pour l'année entière, dans un rôle supplétif, pour le droit fixe et le droit proportionnel.

Il demande de n'être tenu de payer que la moitié de sa taxe à Soleure, et la moitié de sa taxe à Montfort.

L'article 28 de la loi du 1er brumaire an 7 — 22 octobre 1798, est ainsi conçu :

« Si un citoyen patenté change son domicile pendant le
» courant de l'année, la patente lui servira dans la nouvelle
» commune qu'il habitera, en payant au prorata le droit pro-
» portionnel des maisons d'habitation et magasins qu'il y
» prendra. »

Le contrôleur pense que cet article est applicable au sieur Neuville.

Il a changé son domicile pendant le cours de l'année, la patente qu'il a prise à Soleure doit lui servir pour Montfort, et il ne doit à Montfort que le droit proportionnel pour les six derniers mois de l'année.

Le contrôleur conclut en conséquence,

1° A ce que la taxe du sieur Neuville à Soleure, tant en droit fixe, qu'en droit proportionnel, soit maintenue ;

2° A ce que la totalité du droit fixe et la moitié du droit proportionnel de sa patente à Montfort, soient annullées.

RAPPORT DU CONTROLEUR.

CONTRIBUTION FONCIÈRE. *Exercice* . . . .

Cotes irrecouvrables. . . . . 150 fr.

Le percepteur de la commune de   fournit un état de trois cotes dont il annonce n'avoir pu opérer le recouvrement sur la contribution foncière de l'exercice

Les répartiteurs sont d'avis d'accorder la décharge de ces trois cotes au percepteur.

Le contrôleur, vérification faite, conclut à la décharge de la cote article 6 du rôle, montant à 30 fr., et formant double emploi avec celle ouverte sous l'article 20.

Mais il estime que les deux autres doivent être maintenues, et que c'est au percepteur à en poursuivre le recouvrement, attendu que toute propriété est soumise à la contribution foncière, que l'indigence du propriétaire n'est point dans les cas d'exception prononcés par la loi, et qu'il n'est point juste d'accorder une décharge qui donnerait lieu à une réimposition sur les autres contribuables.

RAPPORT DU CONTROLEUR.

CONTRIBUTION PERSONNELLE. *Exercice* . . .

Cotes irrecouvrables . . . . 80 fr.

Le percepteur de la commune de   présente un état de six cotes dont il n'a pu opérer le recouvrement sur la contribution personnelle de l'exercice

Les répartiteurs sont d'avis d'accorder la décharge de ces cotes qu'ils ont reconnu porter sur des individus indigens, ou décédés sans fortune, ou absens de la commune sans domicile connu.

Le contrôleur, vérification faite des motifs qui s'opposent au recouvrement de ces cotes, s'est assuré qu'ils étaient exacts, et conclut à la décharge demandée par le percepteur.

RAPPORT DU CONTROLEUR.

Transfert de Contribution foncière.

Le maire de Glaizé demande que le contingent foncier de sa commune soit diminué à raison des fonds qu'elle a perdus par suite de sa délimitation avec celle de Limas.

Le contrôleur a vérifié qu'en effet trente bicherées (mesure locale) ont été distraites de la commune de Glaizé, pour être réunies à celle de Limas ; que ces trente bicherées sont portées dans les états de sections de Glaizé pour un revenu net de 100 francs, dont la contribution en principal est de 20 francs, et qu'il est juste de retrancher cette dernière somme du contingent de Glaizé, pour l'ajouter au contingent de Limas.

Le contingent en principal de Glaizé, pour 1816, est de . . . . 2,000 fr.

A déduire 20

Reste, pour 1817 1,980

Le contingent, en principal, de Limas, est de . . . . 1,800 fr.

En y ajoutant 20

il sera, pour 1817, de . . . . 1,820 fr.

RAPPORT DU CONTROLEUR.

Transfert de Contribution personnelle et mobilière.

Par suite de délimitation, la commune de Sainte-Catherine a cédé à la commune de Riverie un hameau appelé les Farges, qui contient seize maisons.

Quinze individus de ce hameau ne doivent plus être imposés pour la contribution personnelle et mobilière à Sainte-Catherine, mais à Riverie.

Il est dès-lors de toute justice que le contingent de Sainte-Catherine soit diminué à raison de la matière imposable qu'elle a perdue.

Le contingent personnel et mobilier de Riverie doit être augmenté d'autant, mais en ayant toutefois égard à deux individus qui étaient compris dans son rôle, et qui devront l'être désormais dans celui de Sainte-Catherine.

Les maires des deux communes sont d'accord sur les faits et demandent que leurs contingens respectifs soient ratifiés en conséquence pour 1817.

Les quinze individus qui sortent de la commune de Sainte-Catherine y payaient, à raison de 2 fr. 25 c. chacun, pour les trois journées de travail, en contribution personnelle . . . . 33 fr. 75 c.

En contribution mobilière, à raison de 20 fr. de loyer 25   60

Total . . . . 59 fr. 35 c.

Les deux individus qui sortent de Riverie, y payaient en contribution personnelle . . . . 4 fr. 50 c.

Pour la contribution mobilière 1   85

Total . . . . 6 fr. 35 c.

En déduisant de la somme de 59 fr. 35 c. que perd la commune de Sainte-Catherine, la somme de de 6 fr. 35 c. qu'elle prend sur Riverie, il reste 53 francs.

C'est de cette dernière somme dont le contingent de Sainte-Catherine doit être diminué, et celui de Riverie augmenté.

Ainsi, le contingent personnel et mobilier de
Sainte-Catherine, pour 1816, était de . . . . . .　701 fr.
　　A déduire . . . .　53

Reste, pour 1817 . . . .　648 fr.

Le contingent de Riverie était de . . . .　559 fr.
　　En y ajoutant . . . .　53
il sera, pour 1817, de . . . .　592 fr.

RAPPORT DU CONTROLEUR.

Transfert de Contribution des Portes et Fenêtres.

Par suite des délimitations, plusieurs maisons dépendantes de
la commune de Sainte-Catherine font aujourd'hui partie de la
commune de Riverie, et doivent y payer la contribution foncière.

L'impôt des portes et fenêtres de ces maisons doit, par une
conséquence naturelle, être pareillement payé dans la commune
de Riverie.

Les portes et fenêtres de ces maisons, au nombre de cinquante-
cinq, paient une contribution en principal de 32 francs, dont le
contingent de Riverie doit être augmenté.

Mais la commune de Riverie cède à Sainte-Catherine une
maison contenant trois portes et fenêtres, dont l'impôt en principal est de 2 francs.

En ôtant cette dernière somme de celle de 32 francs, il reste
30 francs, qu'il convient de retrancher du contingent de Sainte-
Catherine, pour être ajoutés au contingent de Riverie.

Ce transfert de contribution, dont les maires des deux communes reconnaissent la justice, doit dès-lors être effectué comme
il suit :

Le contingent en principal de la commune de
Sainte-Catherine est de . . . .　239 fr.
　　A distraire . . . .　30

Reste . . . .　209 fr.

Le contingent en principal de Riverie est de . . .　183 fr.
　　A ajouter . . . .　30

Contingent nouveau . . . .　213 fr.

CINQUIÈME PARTIE.

DIRECTION DES CONTRIBUTIONS DIRECTES.

OBSERVATIONS

SUR

LA DIRECTION DES CONTRIBUTIONS DIRECTES,

Publiées en 1816, par M. Dulaurens, et distribuées aux Chambres des Pairs et des Députés.

J'avais cru qu'un établissement créé dans l'intérêt du Gouvernement, autant que dans celui des contribuables, recommandable par tous les services qu'il a rendus à l'Administration et aux propriétaires, chargé de concourir annuellement à la répartition, à l'assiette et au recouvrement de près de la moitié des contributions de la France, avait acquis quelques droits à la reconnaissance publique.

J'avais pensé surtout que, lorsqu'un Souverain, renommé par son expérience et sa sagesse, avait maintenu des institutions qui se rattachent aux anciennes institutions de la Monarchie, et dont il avait apprécié l'utilité, leur conservation ne devait plus faire la matière d'un doute; et c'est au milieu de tant de titres dont la Direction des contributions directes peut s'honorer, après les pénibles épreuves auxquelles on vient de mettre tout récemment encore son dévouement et son activité, qu'elle voit se renouveler les attaques anciennement dirigées contre elle.

Si, dans sa naissance et lorsqu'elle n'avait encore que des espérances à offrir, j'élevai ma faible voix pour la défendre, combien cette tâche m'est plus douce et plus facile aujourd'hui que j'ai ses succès à opposer à ses détracteurs, et l'opinion calme et réfléchie des Administrateurs éclairés, aux déclamations enfantées ou par l'ignorance, ou par la haine, ou par des intérêts particuliers, ou par ce fatal esprit d'innovation qui nous a déjà coûté si cher !

Je dois d'abord relever une erreur assez accréditée parmi les personnes, même les plus instruites : on croit qu'avant la révolution, les rôles se faisaient gratuitement par les communes, et que les travaux, soit préparatoires, soit d'exécution, pour l'assiette des contributions directes, ne coûtaient rien.

Sous l'ancien régime, il y avait des rôles pour la taille et pour les vingtièmes; ni les uns ni les autres n'étaient confiés aux communes.

Les rôles des tailles se faisaient ou par les collecteurs seuls, ou par les collecteurs, en présence d'un commissaire, ou par un commissaire aidé des arbitres, qu'il faisait nommer par la commune.

On suivait pour les vingtièmes la même marche qu'aujourd'hui. Il y avait une direction des vingtièmes, comme aujourd'hui une direction des contributions. Les contrôleurs faisaient les matrices avec les maires; le directeur expédiait les rôles; l'intendant les rendait exécutoires; la direction instruisait les réclamations, l'intendant les jugeait : il n'y avait pas de conseil d'intendance.

Les collecteurs et commissaires, pour les rôles des tailles; les agens de la direction, pour les matrices et les rôles des vingtièmes, étaient tous salariés; les premiers, d'après une rétribution sur les rôles mêmes; les seconds, par le gouvernement.

Tel fut le mode suivi jusqu'en 1790, époque à laquelle les tailles et les vingtièmes furent remplacés par la contribution foncière.

A cette époque, l'Assemblée constituante supprima la direction des vingtièmes, mais à l'instant même, elle la recréa sous le titre d'inspecteurs et visiteurs des rôles. Les visiteurs des rôles faisaient les matrices; l'expédition des rôles se faisait dans les directoires de district; l'administration centrale du département avait sous sa main un inspecteur pour les tournées extraordinaires, et envoyait dans les communes en retard, des commissaires à leurs frais.

L'insuffisance de ce mode fut bientôt reconnue; une agence de contributions directes fut établie dans chaque département; les commissaires du gouvernement, près les administrations municipales de cantons, aidaient, comme agens particuliers, les communes dans la confection des matrices. Les commissaires, près les administrations centrales, faisaient, comme agens généraux, expédier les rôles; un inspecteur, nommé par le gouvernement, était chargé de la surveillance de tous les travaux.

Les agens généraux, les agens particuliers, les inspecteurs avaient des traitemens, des remises, des frais de bureau pour les employés, les impressions et l'expédition des rôles. Cette organisation occasionnait une dépense de plus de 5 millions.

Une agence, composée de plus de 5,000 individus, devait nécessairement nuire à l'ensemble de l'exécution : le désordre était parvenu au point, qu'en 1799, plus de 35 mille rôles de 1798 restaient encore à faire ; les rôles de 1799 n'étaient pas encore commencés ; le retard du recouvrement des contributions de chaque année constituait un déficit annuel et permanent de 200 millions pour le trésor.

La loi du 24 novembre 1799 (3 frimaire an 8) rétablit la direction des vingtièmes, sous le titre de direction des contributions directes; dans la même année, on achève les rôles de 1798, on confectionne ceux de 1799, on termine ceux pour 1800; et, pour la première fois depuis la révolution, le recouvrement a pu commencer avec l'année même à laquelle les contributions appartenaient.

Depuis cette époque, cet ordre de choses s'est constamment soutenu. Toutes les matrices ou tous les états de changemens sont recueillis, au mois de juillet. Tous les rôles sont expédiés et remis aux percepteurs, dans le mois de décembre. Le recouvrement commence au 1er janvier. Les réclamations sont instruites et jugées dans les trois mois qui suivent la mise en recouvrement des rôles. Le système des réimpositions, qui assure aux contribuables le remboursement des sommes qu'ils ont payées de trop ; le système des soumissions des receveurs, qui garantit au trésor la rentrée intégrale de ses ressources; la distribution du fonds de non-valeurs, qui procure aux contribuables un dédommagement quelconque des pertes qu'ils ont éprouvées dans leurs revenus, tout s'exécute ponctuellement. Quatorze mois suffisent aux percepteurs, dix-huit mois aux receveurs généraux, pour rendre le compte d'un exercice qui, même sous l'ancien régime, ne se rendait qu'au bout de trois ans. Si à ces travaux annuels et périodiques on joint toutes les opérations extraordinaires, tous les rôles d'impositions locales, toutes les vérifications de caisses, tous les rapports généraux, toutes les demandes de renseignemens, faites par le ministère ou par les administrations; enfin, tous les détails accessoires qui se lient aux opérations principales, il faudrait être injuste pour méconnaître l'utilité de la direction.

Elle est appréciée par les communes elles-mêmes, témoins plus particuliers de ses efforts; et la plus grande justice qu'elles puissent lui rendre, est l'empressement avec lequel elles en sollicitent aujourd'hui l'assistance. Depuis vingt-cinq ans que les premiers états de sections et matrices ont été faits, ils n'existent plus, ou ils sont tellement dénaturés, qu'il est impossible d'en faire usage, pour constater les mutations qui surviennent parmi les contribuables. Partout on en sollicite le renouvellement, et si les propriétaires demandent de classer et d'évaluer eux-mêmes les fonds de leur territoire, avec lequel ils sont familiarisés, ils ont en même temps la bonne foi de convenir, que les travaux d'expédition et de calcul ne peuvent être suivis d'une manière plus régulière et moins dispendieuse, que par des agens qui en ont l'expérience et l'habitude.

L'économie a dû naturellement entrer dans les calculs des communes; et croit-on qu'elle ait échappé à ceux du Gouvernement, lorsqu'il a créé la direction? Cependant, c'est l'arme dont on se sert particulièrement pour combattre cet établissement; on se plaît à le présenter comme onéreux à l'Etat.

L'économie nécessaire en tout temps, l'est surtout dans les circonstances où le peuple est appelé à de grands sacrifices. C'était le secret de l'administration de Sully; mais la sévérité du ministre ne l'entraînait jamais au-delà des bornes fixées par la prudence. Les réformes, pour être salutaires, doivent s'opérer avec beaucoup de précaution et de sagesse; et je doute que l'inflexible Sully lui-même eût sacrifié une administration qui ne coûte que 2,590,000 francs, pour l'assiette de plus de 300 millions de contributions directes. La dépense ne s'élève pas à un pour cent; il n'est pas une administration, une régie dont les frais n'excèdent de beaucoup ce taux. Et je ne crains point de le dire : j'ai entendu moi-même les administrateurs étrangers qui, dans les derniers événemens, ont été à portée de comparer leurs institutions avec les nôtres, vanter la simplicité de notre régime contributif : leur suffrage ne peut certainement être suspect, et l'on serait aussi juste et aussi impartial qu'eux, si l'on n'avait quelques motifs particuliers pour ne pas l'être.

Le Gouvernement propose l'impôt.

L'impôt est consenti par les deux Chambres et sanctionné par le Roi.

Les conseils-généraux de département le répartissent entre les arrondissemens, les conseils d'arrondissement entre les communes, les communes entre les contribuables.

Cette dernière répartition se fait d'après des matrices de rôles rédigées par les contrôleurs des contributions, avec les maires et les répartiteurs.

Le directeur expédie les rôles.

Le préfet les arrête et les rend exécutoires.

Les percepteurs les recouvrent et en versent le montant chez les receveurs particuliers qui le reversent chez le receveur général; celui-ci l'envoie au trésor.

Tout est simple dans ce système, toutes les attributions sont divisées, et tendent néanmoins vers le même but : la répartition a ses différens degrés; la perception a les siens; et il est hors de doute qu'on ne pourrait détacher quelque pierre d'un édifice aussi sagement coordonné dans toutes ses parties, sans en occasionner l'ébranlement et la chute.

Eh! quelles économies espérerait-on retirer de la suppression des directions? En confiera-t-on les travaux aux maires des communes? Mais des hommes livrés, pendant les trois quarts de l'année, à des occupations d'où dépend leur existence, voudront-ils se consacrer gratuitement à des opérations pénibles pour ceux mêmes qui en ont l'habitude? S'assujettiront-ils à l'obligation de les livrer à des époques rigoureuses? Ne trouveront-ils point toujours quelques prétextes pour s'en affranchir? Et si l'on est réduit à envoyer dans les communes des commissaires à leurs frais, ne retombe-t-on point dans les inconvéniens auxquels on a déjà été exposé?

Les travaux de la direction passeront-ils à la préfecture? Mais les préfets, déjà accablés d'une foule de détails; qui ne peuvent obtenir des communes, qu'avec beaucoup de peine, les choses les plus simples, et ne parviennent qu'avec les plus grands efforts à compléter un résultat, pourront-ils diriger les contributions par la seule voie de la correspondance? Pourront-ils se passer d'agens qui parcourent les communes, recueillent ou rédigent eux-mêmes les matrices, instruisent les réclamations de toute nature, vérifient les caisses et dressent tous les procès-verbaux? Voilà les contrôleurs à remplacer.

Il faudra un agent spécial pour les contr'expertises, pour les renseignemens extraordinaires à prendre, pour la surveillance des contrôleurs, pour leur remplacement en cas d'absence ou de maladie. Voilà l'inspecteur devenu indispensable.

Les opérations de 8 ou 10 contrôleurs à régulariser, les instructions à leur fournir, les mesures d'ordre et d'exécution à concerter, les applications des états de changemens aux matrices; l'expédition des rôles, tant ordinaires qu'extraordinaires, les rapports et avis motivés sur les réclamations individuelles, l'examen des états et procès-verbaux de vérification des pertes; l'expédition de toutes les ordonnances de décharges et réductions, de remises et modérations; la confection de tous les tableaux à envoyer au ministre, la correspondance avec les maires et les receveurs; tous ces objets ont besoin d'un point central pour marcher avec l'ensemble et l'uniformité qu'ils exigent. Il faut un chef spécial, il faut des commis, des frais de rôles, d'impression et de bureau. Voilà le directeur à remplacer, sous quelque dénomination que ce soit.

La suppression de la direction ne présenterait donc qu'un déplacement d'employés. Les dépenses seraient les mêmes, si elles ne deviennent point plus considérables; et je ne crois pas que le Gouvernement consente jamais à sacrifier une institution déjà éprouvée, pour un ordre de choses dont rien ne lui garantit le succès.

La commission des finances de la Chambre des députés, en 1816, a tellement senti elle-même l'utilité de la direction, que n'ayant pas eu le courage, dans son rapport sur le budget, de la proclamer avec franchise, elle a eu au moins celui de déclarer qu'il y aurait de l'imprudence à se priver, dans le moment actuel, de ses secours.

C'est donc lorsque la direction se sera consumée en efforts et qu'elle aura pour la seconde fois ramené l'ordre troublé par de malheureuses circonstances, que pour prix de son dévouement et de son zèle, on lui dira qu'elle est désormais inutile. Certes, ce n'est pas acquitter généreusement la dette de la reconnaissance, et la perspective n'est pas encourageante pour ceux qui se consacrent au service du Gouvernement.

Mais comme il ne suffit pas d'avoir fertilisé un terrain, et qu'il faut une culture assidue pour le maintenir dans son état de fécondité, de même, il ne suffit pas d'avoir organisé le régime des contributions et d'avoir rétabli l'ordre ; il faut que cet ordre soit maintenu. Après avoir fait le bien, il faut le rendre durable et à l'abri des injures du temps et des fautes des hommes. La direction, sous ce rapport, sera toujours utile. Elle conservera la tradition des principes, et c'est en restant fidèle aux leçons de l'expérience, qu'elle a fait tout récemment écarter des projets, qui, quoique conçus dans des vues très-louables, auraient incessamment bouleversé l'assiette et le recouvrement de l'impôt.

Dans des questions de cette importance, ce n'est point d'après les grandes villes qu'il faut se décider. Là tout est exécutable, parce que les moyens d'exécution y abondent, et qu'elles présentent beaucoup d'hommes instruits dont on peut utiliser le temps et les connaissances. C'est la généralité des communes, et surtout des communes rurales qu'il faut considérer. C'est alors qu'on sent plus fortement la nécessité de concentrer l'action pour la rendre plus rapide. En effet, que l'on se représente, d'un côté, quarante mille maires pleins de bonne volonté et animés du meilleur esprit, mais étrangers pour la plupart aux premières connaissances administratives, n'ayant le plus souvent d'autres occupations que celles de l'agriculture, et d'autre ambition que celle du bonheur attaché à une honnête aisance ; que d'un autre côté on envisage la multiplicité des travaux que l'assiette des contributions exige, qui tous ont un terme fixé pour leur achèvement, qui tous demandent beaucoup de précision, de méthode et de célérité, la question est bientôt résolue, et l'on voit tous les secours qu'on peut attendre d'une réunion d'employés, uniquement voués à cet état, intéressés à la conservation de leurs places, jaloux de justifier la confiance du Gouvernement, prêts à se porter partout au premier ordre, recevant d'un centre commun une impulsion uniforme, et appelés à maintenir au milieu du fréquent renouvellement des administrations locales, l'exacte application des procédés et des principes.

Des agens étrangers, pour la plupart, au département dans lequel ils exercent, obligés de veiller à la conservation de la matière imposable, de lutter contre tant d'intérêts divers, et de renoncer le plus souvent aux douceurs des liaisons sociales, pour conserver l'indépendance de leur opinion et de leur caractère, seront toujours exposés à la censure et aux traits de la malveillance.

Mais, depuis que les impôts existent, on a déclamé contre les impôts, et contre ceux qui les établissent. Il n'y a pas de raison pour que cela change; c'est une ancienne et triste vérité, dont on ne peut se consoler que par le témoignage de sa conscience, et ils devraient bien y réfléchir, ceux qui croient flatter beaucoup l'amour-propre des préfets, en les transformant en directeurs des contributions : ils veulent donc faire descendre de la hauteur où le place la dignité de ses fonctions, l'homme du Roi, le magistrat choisi pour être l'interprète et l'organe de ses volontés? Il était appelé à tempérer la rigueur des lois, à faire fléchir, au besoin, la sévérité des principes, à donner, dans ses refus même, des consolations et des espérances; et tout-à-coup on le dépouille de sa plus belle prérogative, on en fait un agent principal des matrices et des rôles. Il ne lui sera plus permis que d'être inflexible. Une immense responsabilité pesait déjà sur lui, comme le centre de l'autorité administrative, et on le rend encore responsable des détails! C'est bien méconnaître la considération dont il importe que le premier fonctionnaire d'un département soit en tout temps investi, et oublier que cette considération est affaiblie, du moment qu'on lui impose des devoirs incompatibles avec la dignité de sa place, et l'opinion qu'on attache à la prééminence de ses fonctions.

Je n'ai plus qu'une observation à faire, et c'est dans les vicissitudes mêmes qu'a éprouvées le sort de la direction des contributions directes, que je veux offrir une nouvelle preuve de son utilité et de la nécessité de sa conservation.

En 1790, l'Assemblée constituante détruit toutes les anciennes institutions. Elle supprime la direction des contributions, autrement dite, la direction des vingtièmes.

Elle reconnaît aussitôt sa faute; la direction revient sous le titre d'inspecteurs et visiteurs des rôles.

En 1793, tout est dévoré par l'anarchie. Les inspecteurs et visiteurs des rôles disparaissent.

En 1796, un premier retour à l'ordre se manifeste; aussitôt une agence spéciale des contributions directes est formée.

En 1799, le Gouvernement change; le désordre des finances appelle de grandes mesures : on recrée la direction telle qu'elle existait avant 1790.

En rapprochant ainsi les époques où, sous différentes dénominations, la direction des contributions directes a été tour-à-tour supprimée et rétablie, on voit qu'elle a été supprimée toutes les fois qu'on a voulu désorganiser ou paralyser l'administration, et qu'elle a été rétablie, toutes les fois que le Gouvernement a eu besoin de donner à l'assiette des contributions une marche régulière, et au recouvrement une impulsion forte et vigoureuse.

Je livre ces réflexions à la méditation de ceux pour qui un nouveau bouleversement aurait encore quelques attraits.

DULAURENS.

ÉTABLISSEMENT ET COMPOSITION

DE LA DIRECTION DES CONTRIBUTIONS DIRECTES.

446. — Il est établi dans chaque département une direction des contributions directes composée d'un directeur, d'un inspecteur, et d'un certain nombre de contrôleurs, proportionné à l'étendue du département. (*Loi du 3 frimaire an 8 — 24 novembre* 1799, *art.* 3.)

447. — Les directions sont placées sous l'autorité immédiate du ministre des finances. (*Inst. minist. du 22 frimaire an 8 — 13 décembre* 1799.)

FONCTIONS DES CONTRÔLEURS.

448. — Le contrôleur des contributions se fait remettre, par le maire, les matrices sommaires ou les états de changemens nécessaires pour l'expédition annuelle des rôles. (*Ibid.*)

449. — Il aide, en cas de besoin, les répartiteurs dans ce travail, et rédige lui-même la matrice ou l'état de changemens, d'après les indications qui lui sont fournies. (*Ibid.*)

450. — Il transmet aux maires les rôles qu'il reçoit du directeur. (*Ibid.*)

451. — Il vérifie et instruit les demandes en décharge et réduction, en remise et modération. (*Ibid.*)

452. — Il tient un sommier exact de toutes ses opérations dans le cours du mois; et, ce mois expiré, il en envoie le relevé au directeur. (*Ibid.*)

453. — Il fait en outre toutes les tournées, vérifications, opérations, etc., que le préfet et le sous-préfet jugent nécessaires, et qui lui sont prescrites par le directeur. Il rend compte à ce dernier de tout ce qui peut intéresser le succès des contributions directes dans son arrondissement, et de tous les abus,

de quelque nature qn'ils soient, qui peuvent venir à sa connaissance. (*Inst. min. du 22 frimaire an 8 — 13 décembre 1799.*)

FONCTIONS DES INSPECTEURS.

454. — L'inspecteur du département est chargé de la surveillance des contrôleurs du département. Il se fait représenter leurs travaux, examine leur situation sous le rapport de leurs diverses fonctions, s'assure s'ils ont toutes les instructions, tous les modèles nécessaires, et leur donne tous les avis propres à établir entre eux la plus parfaite uniformité dans les principes et dans le mode de travail. (*Ibid.*)

455. — L'inspecteur supplée momentanément les contrôleurs absens ou malades. (*Ibid.*)

456. — Il remplit les fonctions du directeur, par *intérim*, lorsqu'il est en congé, ou que la place est vacante. (*Ibid.*)

457. — Lorsqu'un nouveau contrôleur est nommé, l'inspecteur peut être chargé, par le directeur, de l'installer, de lui donner les premiers erremens, et de le diriger même dans les premiers travaux, s'il est nécessaire. (*Ibid.*)

458. — L'inspecteur, indépendamment de ses tournées, fait toutes les opérations majeures qui exigent un déplacement, et dont le directeur le charge, ou qui lui sont prescrites par le préfet. (*Ibid.*)

459. — L'inspecteur fait toutes les vérifications de caisse qui lui sont prescrites. (*Ibid.*)

FONCTIONS DES DIRECTEURS.

460. — Le directeur fait expédier les rôles, à mesure qu'il reçoit des contrôleurs les matrices de rôles, ou les états de mutations. (*Ibid.*)

461. — Il présente les rôles au préfet pour être arrêtés et rendus exécutoires, et les fait passer ensuite au contrôleur qui les fait remettre au maire de la commune. (*Ibid.*)

462. — Il adresse une expédition des états du montant des

rôles, au ministre des finances, au préfet, à chaque receveur particulier pour ce qui concerne son arrondissement. (*Instr. minist. du 22 frimaire an 8 — 13 décembre* 1799.)

463. — Il fait ses rapports, et donne ses conclusions sur toutes les demandes en décharge et réduction. (*Ibid.*)

464. — Il envoie, tous les mois, au ministre, les états des décharges et réductions, prononcées par le conseil de préfecture, sur chaque nature de contribution. (*Ibid.*)

465. — Il rédige l'état nominatif des sommes à réimposer, que le préfet arrête et adresse au ministre. (*Ibid.*)

466. — Le directeur fait ses rapports sur toutes les demandes en remise et modération, propose la distribution du fonds de non-valeurs, rédige l'état nominatif des individus qui ont participé à cette distribution, et le remet au préfet qui l'adresse au ministre. (*Ibid.*)

467. — Le directeur se fait remettre, chaque mois, le bordereau des recouvremens des receveurs particuliers, et en forme le bordereau général qu'il envoie au ministre. (*Ibid.*)

468. — Il transmet, chaque mois, au ministre, un état sommaire des opérations de l'inspecteur et des contrôleurs; et au commencement de l'année, un tableau général des employés de la direction et de leurs services. (*Ibid.*)

469. — Le directeur fait, si le préfet l'en charge, tous les travaux préparatoires, calculs, états, etc., nécessaires pour la répartition annuelle entre les arrondissemens, du contingent assigné au département. (*Ibid.*)

470. — Enfin, il informe le ministre de tout ce qui peut intéresser les contributions directes, et il est spécialement chargé de lui donner connaissance de tous les abus qu'il remarque, ou dont il est averti par ses collaborateurs. (*Ibid.*)

NOMINATION ET AVANCEMENT DES EMPLOYÉS.

471. — Nul ne peut parvenir aux grades supérieurs qu'après

avoir passé par les grades inférieurs, ou travaillé dans les bureaux des contributions directes du ministre des finances. (*Inst. min. du 22 frimaire an 8 — 13 décembre 1799.*)

472. — Les contrôleurs sont divisés en deux classes. Les contrôles de première classe sont donnés, sur la proposition des directeurs, aux contrôleurs de deuxième classe qui, par leur zèle, leurs travaux et leur bonne conduite, ont mérité cet avancement. (*Ibid.*)

473. — Les places d'inspecteurs sont divisées en trois classes. (*Ibid.*)

474. — Les inspections sont données à ceux des contrôleurs de première et seconde classe, qui se sont distingués par leur zèle et leur capacité. (*Ibid.*)

475. — Les places de directeurs sont également divisées en trois classes. (*Ibid.*)

476. — Les directions ne sont données qu'aux inspecteurs. (*Ibid.*)

SURNUMÉRAIRES.

477. — Il y a pour la direction des contributions directes un surnumérariat. (*Arrêté du 17 ventôse an 10 — 8 mars 1802.*)

478. — Le nombre des surnuméraires porté originairement à soixante, est fixé à quatre-vingts, et les surnuméraires sont envoyés dans toutes les directions indistinctement où le bien du service l'exige. (*Inst. min.*)

479. — Les contrôleurs ne sont pris que parmi les surnuméraires. (*Arrêté du 17 ventôse an 10 — 8 mars 1802.*)

480. — Les surnuméraires doivent être âgés de dix-huit ans au moins, et de vingt-cinq ans au plus. (*Inst. min. du 29 germinal an 10 — 19 avril 1802.*)

481. — Leurs services dans la direction datent de leur nomination à la place de surnuméraire. (*Ibid.*)

482. — Ils travaillent immédiatement sous les ordres du directeur, qui, après leur avoir donné dans ses bureaux les pre-

mières notions, les envoie auprès des contrôleurs les plus instruits, pour se former aux différens travaux dont ceux-ci sont
chargés. (*Instr. min. du 29 germinal an 10 — 19 avril 1802.*)

483. — Les surnuméraires, lorsqu'ils sont jugés suffisamment
instruits, remplacent au besoin les contrôleurs absens ou malades. (*Ibid.*)

484. — Comme ils ne reçoivent point de traitement, ils sont
chargés préférablement, et autant que possible, des expéditions,
calculs et autres travaux qui se font dans les bureaux de la direction, et pour lesquels il est employé des commis extraordinaires.
(*Ibid.*)

485. — Aucun surnuméraire n'est promu au grade de contrôleur, que lorsqu'il a suivi le travail de deux expertises au
moins, et qu'un certificat du directeur constate qu'il est ca-
pable de remplir les fonctions de ce grade relatives au cadastre,
et celles relatives au service ordinaire des contributions.

Ce certificat est ainsi conçu :

« Je, soussigné, directeur des contributions du départe-
» ment . . . ., certifie que le sieur . . . . . . (*les noms,*
» *prénoms et âge*), attaché à ma direction en qualité de sur-
» numéraire depuis le . . . . a toute l'ins-
» truction nécessaire pour remplir les fonctions de contrô-
» leur des contributions, notamment celles relatives au cadastre,
» et que sa bonne conduite et le zèle dont il a fait preuve jus-
» qu'à présent, ont mérité son avancement.
» En foi de quoi, j'ai signé le présent certificat. » (*Ibid.*)

TRAITEMENS DES EMPLOYÉS.

486. — Le directeur expédie, mois par mois, sur les lettres
d'avis qu'il reçoit, à l'inspecteur et aux contrôleurs, leurs
mandats d'appointemens sur le payeur général. Ceux concernant ses frais de bureau sont pareillement expédiés par lui aux
époques déterminées par le ministre des finances. (*Arrêté du
19 frimaire an 8 — 10 décembre 1799.*)

487. — Lorsque l'indemnité revenant à l'inspecteur et aux
contrôleurs pour le travail des portes et fenêtres et des patentes,

est notifiée au directeur, celui-ci dresse un état de distribution qu'il envoie au ministre. (*Inst. min.*)

488. — Sur le renvoi par le ministre de cet état de distribution approuvé par lui, le directeur fait payer ses collaborateurs, et transmet au ministre un état par eux émargé de la somme qu'ils ont reçue. (*Inst. min.*)

489. — Les traitemens des fonctionnaires publics et employés civils sont saisissables jusqu'à concurrence du cinquième sur les premiers mille francs et toutes les sommes au-dessous; du quart sur les cinq mille francs suivans; et du tiers sur les six mille francs suivans, à quelque somme que s'élève le traitement, et ce jusqu'à l'entier acquittement des créances. (*Loi du 21 ventôse an 9— 12 mars 1801.*)

490. — Les appointemens des employés de la direction sont fixés ainsi qu'il suit :

DIRECTEURS.

Première classe. . . . . 6,000 fr.

Deuxième classe. 5,000

Troisième classe. 4,500

INSPECTEURS.

Première classe. . . . . 4,000 fr.

Deuxième classe. 3,500

Troisième classe. 3,000

CONTRÔLEURS.

Première classe. . . . . 1,800 fr.

Deuxième classe. 1,500

DÉPARTEMENS DE PREMIÈRE CLASSE.

Bouches-du-Rhône.	Rhin. (Bas-)
Calvados.	Rhône.
Garonne. (Haute)	Seine.
Gironde.	Seine-Inférieure.
Moselle.	Seine-et-Oise.
Nord.	Somme.

DÉPARTEMENS DE SECONDE CLASSE.

Aisne.	Loiret.
Aube.	Maine-et-Loire.
Charente-Inférieure.	Manche.
Côte-d'Or.	Marne.
Côtes-du-Nord.	Meurthe.
Doubs.	Oise.
Eure.	Orne.
Gard.	Pas-de-Calais.
Hérault.	Puy-de-Dôme.
Ille-et-Vilaine.	Saône-et-Loire.
Indre-et-Loire.	Sarthe.
Isère.	Seine-et-Marne.
Jura.	Tarn-et-Garonne.
Loire-Inférieure.	Yonne.

Tous les autres départemens, autres que ceux indiqués ci-dessus, sont de troisième classe.

PARTAGE DU MONTANT DES FRAIS DE BUREAU, ENTRE LES DIRECTEURS ENTRANS ET SORTANS.

491. — Les sommes allouées aux directeurs des contributions, pour frais de bureau d'un exercice, sont destinées à payer deux sortes de dépenses ; savoir :

1° La dépense des rôles des contributions foncière, personnelle et mobilière de ce même exercice ;

2° La dépense courante des douze mois de l'année. (*Inst. minist. du* 26 *avril* 1808.)

492. — Cette distinction sert à régler le partage entre le directeur entrant et le directeur sortant. (*Ibid.*)

493. — On commence par prélever sur les frais de bureau de l'exercice, la dépense effective des rôles des contributions foncière, personnelle et mobilière. Le surplus se partage par douzième, et si le directeur sortant a exercé deux ou trois mois, il prend deux ou trois douzièmes. Le reste appartient au directeur entrant. (*Ibid.*)

494. — Ainsi, par exemple, un directeur entrant en fonctions le 1er avril 1808, époque à laquelle tous les rôles des contributions foncière, personnelle et mobilière sont confectionnés, doit rembourser à son prédécesseur,

1°. Le montant de l'avance que ce dernier a faite pour cet objet ;

2° Trois douzièmes du surplus pour les trois mois échus au 1er avril, sauf à prendre des arrangemens de gré à gré pour le mode de ce remboursement ; et le surplus appartient au directeur entrant. (*Inst. min. du 26 avril 1808.*)

495. — Les mêmes principes s'appliquent au partage de la somme allouée pour la dépense et le travail des rôles de la contribution des portes et fenêtres et des patentes. (*Ibid.*)

496. — Les rôles des portes et fenêtres d'une année étant comme ceux des contributions foncière, personnelle et mobilière, terminés au 1er janvier de cette même année, le directeur qui entre en fonctions au 1er avril, doit rembourser à son prédécesseur la dépense matérielle des rôles, et trois douzièmes du surplus. Le directeur qui entre au 1er janvier ne doit compter au directeur sortant que des avances faites par ce dernier, et le surplus lui appartient en totalité. (*Ibid.*)

497. — Les rôles des patentes, au contraire, ne devant être terminés chaque année qu'à la fin de mars, le directeur qui entre en fonctions au 1er janvier, est chargé de la confection de ces rôles, ainsi que des travaux et dépenses qui en résultent, et la somme allouée pour cet objet lui appartient toute entière. (*Ibid.*)

498. — Mais un directeur entrant en fonctions au 1er avril, époque où les rôles des patentes doivent être terminés, ou du moins sur le point de l'être, doit tenir compte au directeur sortant des déboursés que ce dernier aura faits pour les mêmes rôles, ainsi que des douzièmes échus du surplus de la somme allouée. (*Ibid.*)

PENSIONS DE RETRAITE.

Fixation des retenues.

499. — Il est fait, sur tous les traitemens des employés du ministre des finances et de la direction des contributions directes, une retenue de deux centimes et demi par franc, pour former un fonds de pensions de retraite et de secours en faveur de ceux qui en sont susceptibles, ou de leurs veuves et orphelins. (*Décret du 4 prairial an 13 — 24 mai 1805, art. 1.*)

500. — Le montant net des traitemens pendant les vacances d'emploi qui n'excèdent pas un mois, est ajouté aux fonds de retraites. (*Ibid., art. 2.*) (1)

Conditions d'admission.

501. — Les demandes à fin de pensions sont adressées, avec les pièces justificatives, au premier commis de la première division du ministère des finances ; elles sont soumises au ministre, et, sur son rapport, les pensions sont fixées par une ordonnance du Roi. (*Ibid., art. 3 et 5.*)

502. — Il ne peut être demandé de pension avant trente ans de service, et qu'autant qu'on est dans l'impossibilité de continuer. (*Ibid.*)

503. — La pension peut cependant être accordée, avant trente ans de service, à ceux que des infirmités contractées dans leur service, rendent incapables de le continuer. (*Ibid., art. 7.*)

504. — Dans les anciens services de l'employé, on compte les services administratifs et judiciaires ; mais il faut que ces services aient été salariés et payés des deniers publics.

---

(1) Le directeur touche sur son acquit, chez le payeur, la somme due pour l'emploi vacant, et la verse chez le receveur général de son département. Le receveur général lui en délivre un mandat sur la caisse de service de Paris. Le directeur adresse ce mandat au secrétaire général du ministre des finances, et celui-ci le remet, pour comptant, à la caisse d'amortissement, qui en fournit récépissé.

505. — On compte pareillement les services militaires.

506. — On ne compte point les services purement honorifiques, ou dont les rétributions ne peuvent être considérées que comme le résultat d'un traité particulier avec le gouvernement. (*Décis. minist.*)

507. — Pour déterminer la fixation de la pension, il est fait une année moyenne du traitement fixe dont les réclamans ont joui pendant les trois dernières années de leur service. On ne compte ni les frais de bureau, ni les rétributions pour les portes et fenêtres et les patentes. (*Décret du 4 prairial an* 13 — 24 *mai* 1805 , *art.* 9)

508. — La pension accordée après trente ans de service, est de la moitié de la somme réglée par l'article précédent.

Elle s'accroît du vingtième de cette somme pour chaque année de service au-dessus de trente ans, sans que, dans aucun cas, elle puisse s'élever, pour les premiers commis du ministère, au-dessus de six mille francs, et pour les autres employés, au-dessus de trois mille francs.

Elle ne peut aussi être au-dessous de trois mille francs pour les premiers commis du ministère, de six cents francs pour les autres employés, et de trois cents francs pour les garçons de bureau. (*Ibid.* , *art.* 10.)

509. — La pension accordée avant trente ans de service, est du sixième du traitement pour dix ans de service et au-dessous.

Elle s'accroît d'un soixantième pour chaque année de service au-dessus de dix ans, sans pouvoir excéder la moitié du traitement. (*Ibid.* , *art.* 11.)

510. — Les pensions et secours aux veuves et orphelins, ne peuvent excéder la moitié de celle à laquelle le décédé aurait droit. Ces pensions ne peuvent être accordées qu'aux veuves et orphelins des employés décédés en activité de service ou ayant eu pension de retraite.

Les veuves n'y ont droit qu'autant qu'elles seraient mariées depuis plus de cinq ans et non divorcées, et qu'autant qu'elles ne contracteraient pas de nouveaux mariages. (*Décret du 4 prairial an 13 — 24 mai 1805 , art. 12.*)

511. — Si les employés ne laissent pas de veuves, mais seulement des orphelins, il peut leur être accordé des pensions de secours jusqu'à ce qu'ils aient atteint l'âge de quinze ans. La quotité est fixée relativement à leur nombre, et ne peut excéder, pour tous les enfans ensemble, la moitié de la pension à laquelle leur père aurait eu droit, ou dont il jouissait. (*Ibid.,* *art. 13.*)

Paiement des pensions ; versement et comptabilité des fonds de retenues.

512. —Les pensions accordées sur les fonds de retenues sont payées comme les traitemens , mois par mois, ou à Paris , par la caisse d'amortissement, ou dans les départemens , d'après la déclaration que fait le pensionnaire du lieu où il désire être payé. (*Ibid., art. 14.*)

513. — Au commencement de chaque semestre, il est formé un bordereau général, contenant,

1° L'état des retenues faites pendant le semestre échu, et de celles présumées dans le semestre suivant ;

2° L'état des pensions accordées et de celles éteintes ;

3° L'état des nouvelles pensions et des sommes nécessaires pour les acquitter. (*Ibid., art. 15.*)

514. — Si le produit des retenues a excédé le montant des paiemens à faire aux pensionnaires, l'excédant est versé à la caisse d'amortissement, qui en paie les intérêts à raison de cinq pour cent par an. (*Ibid., art. 16.*)

515. — Une expédition du bordereau général ordonné par l'art. 15, est adressée tant au ministre qu'au directeur général de la caisse d'amortissement. (*Ibid., art. 18.*)

516. — La caisse d'amortissement rend chaque année au ministre des finances le compte des sommes qu'elle a reçues, payées

ou employées, et des extinctions de pensions qui sont survenues. (*Décret du 4 prairial an 13 — 24 mai 1805, art. 19.*)

RÉSIDENCE DES EMPLOYÉS DE LA DIRECTION.

517. — Le directeur et l'inspecteur résident dans le chef-lieu du département.

Dans les arrondissemens de sous-préfecture où il n'y a qu'un seul contrôleur, il réside au chef-lieu. Dans les arrondissemens partagés entre deux contrôleurs, l'un est dans le chef-lieu, l'autre dans une autre commune, à moins que le bien du service ne l'exige autrement. (*Inst. minist. du 22 frimaire an 8 — 13 décembre 1799.*)

SERMENT.

518. — Indépendamment du serment de fidélité aux lois et aux ordonnances, les directeurs, inspecteurs et contrôleurs, prêtent, avant d'entrer en exercice, le serment de remplir leurs fonctions avec exactitude. L'acte de prestation de ce serment est timbré et enregistré dans les vingt jours de sa date. Il est dû, pour cet acte, le droit fixe de 15 fr. (*Loi du 22 frimaire an 7 — 12 décembre 1798, et ordonnance du Roi du 29 juillet 1814.*)

UNIFORME DES EMPLOYÉS DE LA DIRECTION.

519. — Habit droit, de drap vert, doublé de même ;
Culotte de drap vert ;
Veste blanche, brodée en argent, d'un dessin en épis et feuilles de vigne ;
Bouton de métal blanc, ayant au pourtour des pampres, et portant au milieu ces mots : *Contributions directes ;*
Chapeau français, avec ganse d'argent, et petit bouton du même modèle que celui de l'habit ;
Arme, l'épée. (*Arrêté du 6 frimaire an 10 — 27 nov. 1799.*)

FRANCHISE DES PORTS DE LETTRES ET PAQUETS.

520. — Les lettres et paquets adressés par le directeur des contributions aux sous-préfets, aux maires et adjoints des com-

munes, aux receveurs particuliers des arrondissemens, aux contrôleurs des contributions, les lettres et paquets que les directeurs
reçoivent pareillement de ces fonctionnaires, sont délivrés, sans
paiement du montant de leurs taxes, qui sont portées sur des
états de crédit, pourvu que les lettres et paquets soient sous
bandes, que les fonctionnaires mettent sur l'adresse la désignation
de leur profession, et signent leur nom au bas de cette désignation. (*Arrêté du 24 prairial an 8 — 13 juin 1800.*)

CONGÉS.

521. — Les directeurs ne peuvent s'absenter de leurs départemens, sans un congé qui leur est accordé par le ministre, sur
la proposition du préfet. (*Inst. minist. du 22 frimaire an 8 —
13 décembre 1799.*)

522. — Les inspecteurs ne peuvent également s'absenter de
leurs départemens, sans un congé qui leur est accordé par le
ministre des finances, sur la proposition du directeur. (*Ibid.*)

523. — Lorsqu'un contrôleur a besoin d'un congé, il s'adresse
au directeur des contributions; et sur sa proposition, le congé est
accordé par le premier commis de la première division du ministère, qui en fait son rapport au ministre. (*Ibid.*)

524. — Les absences par congé ne peuvent, pour les employés de la direction, avoir lieu que du 1er novembre au
1er avril de chaque année, et pour deux mois seulement, aller
et retour compris, avec appointemens. Au-delà de ce terme,
les appointemens accroissent les fonds de retraite. (*Inst. min.
du 20 février 1810.*)

CONTRIBUTIONS DES ÉLECTEURS ET DES ÉLIGIBLES.

525. — Tout Français, jouissant des droits civils et politiques,
âgé de trente ans accomplis, et payant 300 fr. de contributions
directes, est appelé à concourir à l'élection des députés du département où il a son domicile politique. (*Loi sur les élections,
du 5 février 1817, art 1.*)

526. Pour former la masse des contributions nécessaires à la

qualité d'électeur ou d'éligible, on comptera à chaque Français les contributions directes qu'il paie dans tout le royaume ;

Au mari, celles de sa femme, même non commune en biens ; et au père, celles des biens de ses enfans mineurs, dont il aura la jouissance. (*Loi sur les élections, du 5 février 1817, art. 2.*)

FIN.

TABLE ALPHABÉTIQUE

TABLE ALPHABÉTIQUE

DES MATIÈRES

CONTENUES DANS CE MANUEL.

A

Bas prés. Voyez *Prés* (bas).

Bateaux. Voyez *Bacs.*

Bâtimens ruraux (Mode d'évaluation du revenu net imposable des), 19.

Bâtimens destinés à un service public (les) ne sont point imposables, à moins qu'ils n'appartiennent à des particuliers, 25 et 26.

Biens communaux (Mode d'évaluation du revenu net imposable des), 20; des biens profitant également à chaque habitant, 21; de ceux auxquels les habitans n'ont pas un droit égal, *ibid.*; de ceux possédés par quelques habitans seulement, *ibid.*

Blanchisseries (Mode d'évaluation des) pour la contribution foncière, 18.

Bois et Forêts. Mode d'évaluation du revenu net imposable des bois taillis en coupe réglée et en coupe non réglée, 14; des bois au-dessous de trente ans, 15; des bois futaies, *ibid.*; des bois futaies sur taillis, *ibid.*; des forêts en futaie qui s'étendent sur plusieurs communes, *ibid.*; des bois de sapin, 16. Mode d'évaluation du revenu net imposable des terrains défrichés pour être plantés en bois, 22; des terrains en valeur plantés en bois, *ibid.* Les forêts royales et bois nationaux ne sont point imposables, 24.

Boulevards (les) ne sont point imposables, 24.

Budget, ou loi des finances (le), est voté annuellement par les chambres, 1.

C

Caisses publiques (établissement de garde de surveillance auprès des), 117. Leur vérification, 124. Modèle du procès-verbal de vérification de celles des percepteurs, 148.

Canaux. Mode d'évaluation du revenu imposable de ceux navigables, 17. De ceux non navigables, *ibid.*

Carrefours (les) ne sont point imposables, 24.

Carrières. (Mode d'évaluation des) à la contribution foncière, 17.

Cautionnemens des receveurs et percepteurs. Voyez *Receveurs; Percepteurs.*

Célibataires. Évaluation des loyers d'habitation des célibataires, 56. Individus réputés célibataires, *ibid.*

Centimes additionnels au principal des contributions : objet de leur imposition, mode de leur répartition et perception, et dépenses auxquelles ils sont affectés, 3 et 4.

Chambres des pairs et des députés. Les propositions d'impôts doivent leur être faites, 1. Voyez *Electeurs.*

Changement (États de). Voyez *États.*

en demandes de décharge, réduction, remise en modération, 153. Modèles de leurs rapports, 171 *et suiv.* Leur traitement, 196. Franchise de leurs ports de lettres et paquets, 202.

Corrosions ou *Enlèvement de terrains.* Voyez *Terrains.*

Cotes. Obligation de payer l'intégralité de la cote, 158. Cotes irrécouvrables, 159. Modèle du rapport du contrôleur, sur la mutation et la division, 172.

Couronne (Dotation de la). Voyez *Dotation* et *Domaine.*

Cultures. Mode d'évaluation du revenu net imposable des cultures mêlées, 13. Classification de chaque genre de culture, pour servir à l'assiette de la contribution foncière, 29. Tarif de chaque genre de culture, *ibid.*

D

Décès des officiers et employés des administrations militaires. Voy. *Administrations militaires.*

Déchéance de recours (Délai de la), 129.

Décharge et réduction (Demandes en). Cas où il y a lieu à l'une ou à l'autre de ces demandes, 151. Distinction à faire entre la décharge et réduction et la remise et modération, *ibid.* Tenue du registre, 157. Envoi des états, *ibid.* Remboursement des ordonnances, *ibid.* Expédition, remise et rentrée des ordonnances, 160. Modèle d'ordonnance de décharge de contribution ou de patente, 164. Modèles des rapports du contrôleur, 171.

Déclarations des contribuables, leur rectification, 81.

Défrichemens. Mode d'évaluation des terres vaines et vagues défrichées, des terrains défrichés pour être plantés en bois ou en vignes, 21. Déclarations exigées pour les défrichemens, 22. Procès-verbal et affiche de la déclaration, 23. Observations des répartiteurs et des contribuables sur la déclaration, *ibid.* Inscription sur la matrice de l'époque où doivent cesser les exemptions pour défrichemens, *ibid.*

Délimitation des communes. Voyez *Communes* ou *Terrains.*

Délits des agens de la direction, leur poursuite, 119.

Demandes en décharge et réduction. Voyez *Décharge* et *Remise.*

Deniers publics. Justifications à faire par les receveurs et les percepteurs pour obtenir la décharge d'un vol de deniers publics, 117.

Deniers publics. Obligation des détenteurs, 127.

Denrées. Formation du tarif du prix des denrées, 28. Mode de formation de l'année commune sur quinze pour le prix moyen des denrées, 29.

Dépenses départementales et communales. Leur distinction en dépenses variables et fixes, 5.

H

I

J

L

M

Q

R

FIN DE LA TABLE DES MATIÈRES.

De l'Imprimerie de C.-F. PATRIS, rue de la Colombe, n° 4, quai de la Cité.